La création retrouvée

La création retrouvée

*Les fondements bibliques d'une vision
du monde réformatrice*

ALBERT M. WOLTERS

Postface coécrite avec Michael W. Goheen

230, rue Lupien, Trois-Rivières (Québec)
G8T 6W4 Canada

Édition originale en anglais sous le titre :
Creation Regained : Biblical Basics for a Reformational Worldview
© 1985, 2005 par Albert M. Wolters.
Publié par Wm. B. Eerdmans Publishing Co.
2140 Oak Industrial Drive NE, Grand Rapids, MI, 49505, U.S.A.
Traduit et publié avec permission. Tous droits réservés.

Pour l'édition française :
*La création retrouvée : les fondements bibliques
d'une vision du monde réformatrice*
© 2017 Publications Chrétiennes, Inc.
230, rue Lupien, Trois-Rivières (Québec)
G8T 6W4 – Canada
Site Web : www.publicationschretiennes.com
Tous droits de traduction, de reproduction et d'adaptation réservés.

Traduction : Vincent Collet
Révision linguistique : Alexandre Grondin
Relecture : Trina Jelsma, Frédéric Brivot

ISBN : 978-2-924743-05-8
Dépôt légal – 2ᵉ trimestre 2017
Bibliothèque et Archives nationales du Québec
Bibliothèque et Archives Canada

« Impact Académia » est une marque déposée de
Publications Chrétiennes, Inc.

Ce livre a été publié en collaboration avec l'Église réformée du Québec.

À moins d'indications contraires, toutes les citations bibliques sont tirées de
la Nouvelle Édition de Genève (Segond 1979) de la Société Biblique de Genève.
Avec permission.

À Alice, *sine qua non*

SOMMAIRE

Préface à la seconde édition 11

1. Qu'est-ce qu'une vision du monde ? 15
2. La création 31
3. La chute 77
4. La rédemption 97
5. Discerner la structure et la direction 119

Conclusion 153

Postface
La vision du monde : entre récit et mission 157

PRÉFACE À LA SECONDE ÉDITION

Cela fait maintenant 20 ans que ce petit livre est en circulation[1]. Il a été traduit en huit langues différentes à ce jour, et continue d'être largement utilisé dans les milieux académiques chrétiens du monde entier[2]. Son succès m'a pris complètement par surprise et me procure un profond sentiment d'émerveillement et de gratitude.

Dans cette seconde édition, le corps du texte a été légèrement révisé (principalement pour adoucir la manière de décrire le caractère distinct de la vision du monde réformatrice par rapport aux autres traditions chrétiennes) et j'ai ajouté une postface cosignée par mon ami et collègue Michael Goheen. Largement redevable au travail de N. T. Wright et de Leslie Newbigin, la postface relie la discussion sur la vision du monde au grand récit des Écritures et au caractère central de la mission. Plus que tout, c'est la réaction de Newbigin à la première édition de *La création retrouvée* (qu'il a consignée en 1994 dans un mémo non publié,

---

1. À la date de la parution de l'édition française, cela fait plus de 30 ans. La première édition a paru en 1985.
2. À cela, nous pouvons ajouter aujourd'hui la version française.

après avoir écouté un enregistrement du livre grâce à Mike) qui m'a persuadé que ma discussion sur la vision du monde devait être placée dans ce contexte plus large pour être correctement comprise. Pour avoir facilité ce lien, et pour avoir en général ouvert mes yeux sur l'importance du travail de Newbigin, je suis très reconnaissant envers Mike et je me réjouis qu'il se joigne maintenant à moi pour cosigner cette seconde édition. Sous sa nouvelle forme, *La création retrouvée* est désormais un excellent compagnon pour le livre de Craig G. Bartholomew et Michael W. Goheen, *The Drama of Scripture. Finding Our Place in the Biblical Story* (La pièce de l'Écriture. Trouver notre place dans le récit biblique[3]).

Je veux aussi témoigner de ma gratitude perpétuelle envers Bob et Mark Vander Vennen, père et fils, qui ont initialement encouragé et facilité la rédaction de ce livre au début des années 1980.

Finalement, le meilleur moyen d'exprimer ce que je dois à ma femme Alice, c'est de lui dédicacer de nouveau ce travail, avec tout mon amour.

– Al Wolters

***

C'est un rare privilège d'avoir l'occasion de contribuer à la révision élargie d'un livre qui a eu une forte influence dans ma vie. J'ai lu *La création retrouvée* peu après sa première publication. Ce livre est arrivé en temps opportun et a profondément façonné ma propre vision du monde. Il a immédiatement affecté ma vie de famille et mon ministère pastoral et a depuis façonné ma

---

3. Grand Rapids, Baker, 2004.

carrière universitaire. Depuis les 11 dernières années, j'enseigne les visions du monde au Redeemer University College, où j'ai eu Al Wolters comme collègue. J'occupe désormais la chaire de recherche appelée *Geneva Chair of Reformational Worldview Studies* (chaire de recherche de Genève sur la vision du monde réformatrice) à l'Université Trinity Western. Au cours de la dernière décennie, j'ai eu l'occasion d'enseigner et de parler des visions du monde à de nombreuses personnes à travers le Canada et dans dix autres pays. C'est mon interaction avec ces personnes qui m'a aidé à voir le besoin de situer *La création retrouvée* dans un contexte narratif et missionnaire, afin que le livre soit correctement compris.

Ces dernières années, les travaux de Lesslie Newbigin, N. T. Wright, Brian Walsh et Richard Middleton m'ont permis d'approfondir ma compréhension de l'importance du récit et de la mission pour une bonne compréhension de la vision du monde. À l'origine, cela m'avait marqué alors que j'étais étudiant au Westminster Theological Seminary, notamment lorsque j'ai lu les œuvres d'Herman Ridderbos et de J. H. Bavinck. L'approche historico-rédemptive des Écritures dans la tradition réformatrice hollandaise, comme elle est illustrée chez Herman Ridderbos, a toujours compris les Écritures comme une histoire de la rédemption qui se déploie. De plus, les missiologues suivant cette même tradition, comme J. H. Bavinck, ont tiré de profondes conclusions missionnaires de cette compréhension de notre place dans le récit biblique. Ridderbos et Bavinck ont aussi profondément façonné la pensée d'Al, et ainsi, ces volets d'étude forment le contexte tacite de *La création retrouvée*. Cependant, de nombreuses personnes parmi celles qui ont lu *La création retrouvée* n'avaient pas ce bagage, et, par conséquent, sont passées à côté de la contribution profonde de ce livre, qui nous aide à être fidèles à notre appel missionnaire. Mon espoir et ma prière, c'est que la postface contribue à une compréhension approfondie d'une vision du monde chrétienne.

Je remercie Al pour cette occasion, ainsi que pour l'amitié et les conseils qui ont aidé à façonner ma vie et ma pensée de chercheur.

– Mike Goheen

1

QU'EST-CE QU'UNE VISION DU MONDE ?

Les chrétiens qui cherchent à obéir aux Écritures trouveront un grand intérêt à lire ce livre qui tente d'énoncer clairement le contenu d'une vision biblique du monde ainsi que la signification de celle-ci pour nos vies. Les idées proposées par cette vision du monde ne viennent pas de moi. Elles viennent d'une longue tradition de réflexion chrétienne sur les Écritures et sur notre perspective générale concernant le monde, une tradition enracinée dans les Écritures elles-mêmes. Cette tradition a eu d'éminents représentants comme les pères de l'Église Irénée et Augustin et les réformateurs Tyndale et Calvin.

Cette vision du monde basée sur les Écritures est parfois appelée « réformatrice », d'après la Réforme protestante, qui a redécouvert l'enseignement biblique concernant la profondeur et l'étendue du péché et de la rédemption. Le désir de vivre selon l'Écriture seule, plutôt que selon l'Écriture et la tradition, est une caractéristique des réformateurs. Nous suivons leurs traces sur ce chemin, tout comme nous voulons aussi une réformation perpétuelle, voulant être re-formés continuellement par les Écritures (voir Ac 17.11 ; Ro 12.2), plutôt que de vivre selon des traditions qui ne sont pas assujetties à l'examen de l'Écriture.

Au tournant du xxe siècle, la réflexion réformatrice sur la vision du monde a pris une forme distincte, comme cela peut se voir de manière spécifique dans le travail de grands penseurs hollandais tels qu'Abraham Kuyper, Herman Bavinck, Herman Dooyeweerd et D. H. T. Vollenhoven. Leur contribution à une compréhension plus profonde et plus articulée de la vision du monde biblique s'est faite par la théologie, la philosophie, et d'autres disciplines universitaires, et particulièrement par l'action culturelle et sociale émergeant d'un profond désir d'obéir aux Écritures dans tous les domaines de la vie et du service.

Le terme *worldview* (en français, *vision du monde*) est apparu dans la langue anglaise en tant que traduction du mot allemand *Weltanschauung*[1]. Il a l'avantage d'être clairement distinct du terme « philosophie » (du moins en allemand) et d'être moins lourd que l'expression « vision du monde et de la vie », qui avait la faveur des néo-calvinistes hollandais (suivant probablement un usage popularisé par le philosophe allemand Dilthey). Un synonyme acceptable serait « perspective sur la vie » ou « vision confessionnelle ». Il est aussi possible de parler, plus vaguement, de l'ensemble des « principes » et des « idéaux » d'une personne. Un marxiste appellerait cela une « idéologie » ; l'étiquette la plus commune aujourd'hui dans les sciences sociales est probablement le terme « système de valeurs ». Ces termes ne peuvent être acceptés, parce qu'ils ont des connotations de déterminisme et de relativisme qui trahissent une vision du monde inacceptable.

---

1. Le mot allemand *Weltanschauung* est un terme utilisé en philosophie. Il désigne une conception globale sur la vie, ou une vision du monde.

Dans le présent ouvrage, la *vision du monde* sera définie comme « le cadre général des croyances de base d'une personne sur les choses ». Analysons plus précisément les éléments de cette définition. Premièrement, « les choses » constituent un terme délibérément vague qui réfère à tout au sujet de quoi il est possible d'avoir une croyance. Je prends cela dans le sens le plus général imaginable, en englobant le monde, la vie humaine en général, la signification de la souffrance, la valeur de l'éducation, la moralité sociale, ainsi que l'importance de la famille. Dans ce sens, on peut dire que même Dieu fait partie des « choses » qui font l'objet de nos croyances de base.

Deuxièmement, une vision du monde est une question de *croyances* personnelles. Les croyances sont différentes des sentiments ou des opinions, parce qu'elles impliquent une « prétention cognitive » – c'est-à-dire une prétention à une certaine connaissance. Je peux dire, par exemple, que je « crois » que l'éducation est le chemin qui mène au bonheur. Cela signifie que j'affirme quelque chose sur « comment sont les choses », sur « quelle est la situation ». Je suis prêt à défendre cette croyance avec des arguments. Les sentiments n'ont pas de prétention à la connaissance, et ils ne peuvent pas être discutés.

Les croyances ne sont pas non plus des opinions ou des hypothèses. Il est certain que nous utilisons parfois le mot *croyance* dans ce sens faible (« Je crois que Paul rentrera encore tard ce soir »), mais j'utilise ici le mot *croyance* dans le sens de « credo », une croyance *engagée*, une chose que je suis prêt non seulement à discuter, mais aussi à défendre ou à promouvoir en y mettant de l'argent ou en endurant des difficultés. Par exemple, ce peut être ma croyance que la liberté d'expression est un droit inaliénable dans la société humaine, ou que personne ne devrait imposer sa religion aux autres. Tenir à une croyance peut m'appeler au sacrifice, ou à endurer le mépris ou les insultes, s'il s'agit d'une croyance impopulaire ou non orthodoxe – par exemple, croire que les prisons devraient tout à la fois punir et réhabiliter, ou que la libre entreprise est le fléau de notre société. Toutes ces croyances sont des exemples de ce qui peut faire partie d'une vision du monde. Cela concerne les *convictions* personnelles.

Troisièmement, il est important de noter que les visions du monde concernent les croyances *de base* sur les choses. Elles concernent les questions fondamentales auxquelles nous sommes confrontés ; elles impliquent des sujets touchant à des principes généraux. Je peux dire que je crois fermement que les Yankees ont remporté la Série mondiale de baseball de 1956, à tel point que je suis prêt à parier gros là-dessus, mais cette sorte de croyance n'est pas de celles qui constituent une vision du monde. Il en va autrement dans le cas de questions morales profondes : la violence peut-elle être justifiée ? Y a-t-il des normes constantes pour la vie humaine ? Y a-t-il un sens à la souffrance ? Survivons-nous à la mort ?

Finalement, les croyances de base qu'une personne a sur les choses tendent à former un *cadre* ou un *modèle* ; d'une certaine manière, elles forment un tout. C'est pour cela que les humanistes parlent souvent de « système de valeurs ». Nous reconnaissons tous, du moins à un certain degré, qu'il faut être cohérent dans notre façon de voir les choses, si nous voulons être pris au sérieux. Nous n'adoptons pas un ensemble arbitraire de croyances de base qui n'ont aucune cohérence ou aucun semblant de consistance. Certaines croyances de base se heurtent aux autres. Par exemple, la croyance selon laquelle le mariage est une ordonnance de Dieu ne va pas bien avec l'idée du divorce facile. Une conviction selon laquelle les films et les cinémas sont essentiellement des « attractions du monde » ne s'accorde pas beaucoup avec l'idéal d'une réformation chrétienne des arts. Une croyance optimiste dans le progrès historique s'harmonise difficilement avec une croyance en la dépravation de l'homme.

Cela ne veut pas dire que les visions du monde ne souffrent jamais de contradictions internes – nombre d'entre elles en souffrent (en fait, une contradiction est peut-être la chose la plus intéressante concernant une vision du monde) – mais il demeure vrai que la caractéristique la plus significative des visions du monde est leur tendance à constituer un schéma et leur tendance à la cohérence ; même leurs contradictions tendent à tomber dans des schémas clairement reconnaissables. De plus, la plupart des gens ne reconnaîtront aucune contradiction dans leur propre vision du monde, même si cette contradiction semble très évidente à d'autres.

Jusqu'à présent, dans notre discussion, nous sommes partis du principe que tout le monde a une quelconque vision du monde. Est-ce réellement le cas ? Il est certainement vrai que la plupart des gens n'auraient rien à répondre si on leur demandait quelle est leur vision du monde, et les choses seraient encore pires si on leur demandait quel est le cadre de leurs croyances de base sur les choses. Toutefois, leurs croyances de base apparaissent assez rapidement lorsqu'ils sont confrontés à des urgences pratiques, à des questions politiques d'actualité, ou à des convictions qui se heurtent aux leurs. Comment réagissent-ils face à la conscription militaire, par exemple ? Quelle est leur réaction à l'évangélisme ou à la contre-culture, au pacifisme et au communisme ? Quels mots de condoléances prononcent-ils au bord d'une tombe ? À qui attribuent-ils la responsabilité de l'inflation ? Quelle est leur opinion sur l'avortement, la peine capitale, la discipline dans l'éducation des enfants, l'homosexualité, la ségrégation raciale, l'insémination artificielle, la censure des films, les relations extra-conjugales et d'autres sujets ? Toutes ces questions provoquent des réponses qui fournissent des indications sur la vision du monde d'une personne, en suggérant certains schémas (« conservateur » et « progressiste » étant des schémas très imprécis et peu fiables que de nombreuses personnes reconnaissent). En général, par conséquent, tout le monde a une vision du monde, même si elle est exprimée de manière inarticulée. Avoir une vision du monde fait simplement partie du fait d'être un être humain adulte.

Quel rôle joue une vision du monde dans notre vie ? La réponse à cela, je crois, est que notre vision du monde fonctionne comme *un guide pour notre vie*. Une vision du monde, même en partie inconsciente ou inarticulée, fonctionne comme une boussole ou une carte routière. Elle nous oriente dans le monde en général, nous donne le sens de ce qui est en haut et de ce qui est en bas, de ce qui est bien et de ce qui est mal, au milieu de la confusion des événements et des phénomènes auxquels nous sommes confrontés. Notre vision du monde façonne, à un certain degré, la façon dont nous évaluons les événements, les problèmes, ainsi que les structures de la civilisation et de notre époque. Elle nous permet de « placer » ou de « situer » les divers phénomènes qui entrent dans notre champ de vision. Bien sûr, d'autres facteurs jouent un rôle dans ce processus d'orientation (l'intérêt personnel psychologique ou économique, par exemple), mais ces autres facteurs n'éliminent pas le rôle directeur d'une vision du monde ; ils exercent souvent leur influence *par le biais de* notre perspective sur la vie.

L'une des caractéristiques uniques des êtres humains est qu'ils ne peuvent rien faire sans le genre d'orientation et de direction que donne une vision du monde. Nous avons besoin de direction parce que nous sommes inéluctablement des créatures ayant des responsabilités et qui, par nature, sont incapables d'avoir des opinions purement arbitraires ou de prendre des décisions qui ne reposent sur aucun principe. Nous avons besoin de principes selon lesquels vivre, de cartes pour tracer notre chemin. Le besoin d'une perspective directrice est fondamental à la vie humaine, peut-être même plus fondamental que la nourriture et le sexe.

Ce n'est pas uniquement la façon dont nous voyons les choses, ainsi que nos arguments qui sont affectés de manière décisive par notre vision du monde, mais aussi toutes les décisions particulières que nous sommes appelés à prendre. Lorsque la vie devient difficile dans un mariage, le divorce est-il une option ? Lorsque les taxes sont injustes, est-ce que vous trichez en remplissant votre déclaration de revenus ? Est-ce que le crime devrait être puni ? Mettez-vous un employé à la porte aussitôt qu'il est économiquement avantageux de le faire ? Allez-vous vous lancer en politique ? Allez-vous décourager votre fils ou votre fille d'être artiste ? Les décisions que vous prenez en ce qui a trait à ces questions, ou bien d'autres, sont guidées par votre vision du monde. Les conflits à leur sujet impliquent souvent une confrontation de perspectives de base sur la vie.

Nous devons de nouveau admettre qu'il peut y avoir une contradiction ici : non seulement pouvons-nous avoir des croyances qui entrent en conflit les unes avec les autres, mais parfois aussi nous ne réussissons pas à agir en harmonie avec les croyances que nous avons. Ceci est un fait, concernant notre expérience quotidienne, que nous devons tous reconnaître. Mais cela signifie-t-il, par conséquent, que notre vision du monde n'a pas le rôle directeur que nous lui attribuons ? Pas nécessairement. Un bateau peut être dévié de sa route par une tempête et toujours se diriger vers sa destination. C'est le schéma général qui compte, le fait que le timonier fait tout son possible pour rester sur la bonne route. Si nos actions sont en désaccord avec nos croyances, nous avons tendance à changer soit nos actions, soit nos croyances. Nous ne pouvons pas conserver longtemps notre intégrité (ou notre santé mentale) si nous ne faisons aucun effort pour résoudre le conflit.

Cette façon de voir la relation entre notre vision du monde et notre conduite est contestée par de nombreux penseurs. Les marxistes, par exemple, pensent que ce qui guide réellement notre comportement, ce ne sont pas des croyances, mais des intérêts de classe. De nombreux psychologues voient les visions du monde comme étant plutôt dirigées que directrices, étant des rationalisations d'un comportement qui est réellement contrôlé par la dynamique de notre vie émotive. D'autres psychologues prétendent que nos actions sont conditionnées à la base par des stimuli physiques venant de notre environnement. Il serait ridicule de rejeter les preuves que ces penseurs fournissent pour soutenir leurs visions. En réalité, il est vrai que le comportement humain est très complexe et inclut des questions telles que les intérêts de classe, le conditionnement et l'influence des sentiments refoulés. La question est de savoir ce qui constitue le facteur *primordial* et *décisif* lorsqu'on explique le schéma de l'action humaine. La façon dont nous répondons à cette question dépend de la façon dont nous voyons la nature essentielle de l'humanité : elle-même concerne notre vision du monde.

D'un point de vue chrétien, nous devons dire que les croyances sont des facteurs décisifs dans nos vies, même si les croyances que nous professons peuvent être en contradiction avec les croyances qui sont réellement à l'œuvre dans nos vies. C'est l'Évangile qui nous commande de vivre notre vie en conformité avec les croyances enseignées dans les Écritures. Le fait que nous ne réussissions pas toujours à vivre en accord avec ce commandement n'invalide pas le fait que nous pouvons, et devons, vivre selon nos croyances.

Quel est donc le lien entre la vision du monde et les Écritures ? La réponse chrétienne à cette question est claire : notre vision du monde doit être façonnée et éprouvée par les Écritures. Notre vision du monde ne peut légitimement guider notre vie que si elle est basée sur les Écritures. Cela signifie qu'en termes de visions du monde, il y a un gouffre important entre ceux qui acceptent les Écritures en tant que Parole de Dieu, et ceux qui ne l'acceptent pas.

Cela signifie aussi que les chrétiens doivent constamment confronter leur vision du monde aux Écritures, parce que sans cela, il y aura une forte inclination à s'approprier beaucoup de croyances, même les plus fondamentales, qui viennent d'une culture qui se sécularise à un rythme exponentiel depuis des générations. L'objet principal de ce livre est d'offrir de l'aide dans le processus de réformation de notre vision du monde, afin qu'elle se conforme davantage à l'enseignement des Écritures.

En tant que chrétiens, nous confessons que les Écritures parlent avec l'autorité de Dieu, qui est supérieure à tout – à l'opinion publique, à l'enseignement, à l'éducation des enfants, aux médias, et en résumé, à tous les acteurs puissants dans notre culture, par lesquels notre vision du monde est constamment façonnée. Cependant, puisque tous ces acteurs dans notre culture ignorent délibérément, et en fait rejettent complètement, de manière générale, l'autorité suprême des Écritures, il existe une pression considérable sur les chrétiens pour qu'ils restreignent l'autorité qu'ils accordent aux Écritures aux domaines de l'Église, de la théologie et de la moralité privée – des domaines qui sont devenus fondamentalement non pertinents pour la direction de la culture et de la société en général. Et cette pression est elle-même le fruit d'une vision du monde séculière, et doit être combattue par les chrétiens, avec toutes les ressources dont ils disposent. La ressource fondamentale, ce sont les Écritures elles-mêmes.

Les Écritures ont une grande importance pour les chrétiens, mais c'est l'*instruction* qui se trouve au cœur de leur raison d'être. Il n'y a aucun passage dans les Écritures qui ne nous enseigne quelque chose sur Dieu et sur sa relation avec nous. Nous devons approcher les Écritures comme des étudiants, particulièrement lorsque nous commençons à réfléchir de manière critique sur notre propre vision du monde. « Or, tout ce qui a été écrit d'avance l'a été pour notre instruction », dit Paul au sujet de l'Ancien Testament (Ro 15.4), et la même chose s'applique au Nouveau Testament. C'est pour cela que le concept de « saine doctrine » est si central dans le témoignage apostolique – pas une doctrine dans le sens de la théologie universitaire, mais en tant qu'instruction pratique concernant les réalités concrètes de notre marche avec Dieu, à la faveur de l'alliance. C'est par le moyen de ce genre d'enseignement que la fermeté et l'encouragement que les Écritures nous apportent nous permettront, comme le souligne Paul dans le même passage, de ne pas désespérer, mais de nous accrocher à notre espoir en Christ. Ce que Paul appelle « le renouvellement de l'intelligence » (Ro 12.2) implique aussi cela. Nous avons besoin de ce renouvellement si nous voulons discerner quelle est la volonté de Dieu dans toute l'étendue de nos vies – « la volonté de Dieu, ce qui est bon, agréable et parfait ». Confronter notre vision du monde aux Écritures et la réviser en conséquence, cela fait partie du renouvellement de l'intelligence.

L'accent mis sur l'enseignement des Écritures est, bien sûr, un aspect fondamental de la religion chrétienne. Toutes les sortes de chrétiens, malgré toutes leurs différences, s'accordent sur ce point, d'une façon ou d'une autre. Cependant, il faut de nouveau souligner cela relativement à la question de notre vision du monde, parce que presque toutes les branches de l'Église chrétienne s'accordent aussi pour dire que l'enseignement des Écritures est fondamentalement une question de théologie et de moralité personnelle, un secteur privé étiqueté « sacré » et « religieux », entouré par l'étendue plus large des affaires humaines étiquetées « séculières ». Les Écritures, selon cette vision, devraient certainement façonner notre théologie (incluant notre « éthique théologique »), mais ne sont au mieux qu'indirectement et de manière tangentielle reliées à des domaines séculiers tels que la politique, les arts et les études académiques : la Bible nous enseigne une vision de l'Église et une vision de Dieu, pas une vision du monde.

Ceci est une erreur dangereuse. Assurément, la Bible doit nous enseigner sur des sujets tels que le baptême, la prière, l'élection et l'Église, mais les Écritures s'adressent de manière centrale à *tout* ce qui concerne notre vie et le monde, incluant la technologie, l'économie et la science. L'étendue de l'enseignement biblique inclut des domaines « séculiers » ordinaires tels que le travail, les groupes sociaux et l'éducation. Si ces domaines ne sont pas appréhendés en termes de vision du monde fondée directement sur des catégories scripturaires centrales telles que la création, le péché et la rédemption, notre évaluation de ces dimensions prétendument non religieuses de nos vies sera probablement dominée plutôt par l'une des visions du monde concurrentes de l'Occident sécularisé. Par conséquent, il est essentiel de lier le concept fondamental de « théologie biblique » à notre vision du monde – ou plutôt de comprendre ces concepts fondamentaux comme *constituant* une vision du monde. En quelque sorte, le plaidoyer fait ici en faveur d'une vision biblique du monde constitue simplement un appel au croyant pour qu'il prenne la Bible et son enseignement au sérieux pour la totalité de notre civilisation *actuelle*, et qu'il ne la relègue pas à un domaine optionnel appelé « religion ».

Tout cela soulève la question de la relation entre ce que j'ai appelé une « vision du monde » et la théologie et la philosophie.

Ce sujet est assez confus, car dans le langage commun, toute perspective globale sur les choses qui en appelle à l'autorité de la Bible est appelée « théologie », et toute perspective qui en appelle plutôt à la raison est appelée « philosophie ». Le problème avec cette façon de parler est qu'elle ne parvient pas à faire la distinction entre la perspective sur la vie que tout être humain a, par le fait qu'il est un être humain, et les disciplines académiques spécialisées qui sont enseignées par des professeurs de théologie et de philosophie. De plus, cette façon de parler suppose de manière erronée que la théologie ne peut être païenne ou humaniste et que la philosophie ne peut être biblique. La différence entre chrétiens et non-chrétiens ne peut être si facilement établie par le biais de deux disciplines académiques.

La théologie et la philosophie sont des champs d'études spécialisés qui ne sont pas accessibles à tout le monde. Elles nécessitent des compétences particulières, un certain type d'intelligence et une bonne quantité d'études. Ce sont des champs pour des experts formés. Cela ne signifie pas qu'elles sont fermées au profane intelligent : cela signifie simplement que le profane y souffre d'un désavantage notable, tout comme dans les sciences médicales, l'économie et des domaines non académiques spécialisés comme la haute finance ou la diplomatie internationale. Il y a des professionnels dans tous ces domaines – des hommes et des femmes qui en sont spécialistes. Il en va de même pour la théologie et la philosophie.

Mais une vision du monde est un sujet bien différent. On n'a pas besoin de diplômes ou de compétences particulières pour avoir une perspective sur la vie. La sagesse biblique ou la saine doctrine n'augmentent pas avec une formation théologique poussée. Si cela était le cas, les prophètes et les apôtres, sans parler de Jésus lui-même, auraient fait bien pâle figure comparés aux jeunes et brillants théologiens d'aujourd'hui diplômés des facultés de théologie. Le brio académique est quelque chose de bien différent de la sagesse et du sens commun – et une vision du monde est une question de sagesse et de sens commun, qu'elle soit biblique ou non biblique.

Sans vouloir définir précisément la nature de « la science » et de « la théorie » (que nous pouvons supposer être des synonymes dans ce contexte), nous pouvons dire que la philosophie et la théologie, en tant que disciplines académiques, sont scientifiques et théoriques, alors qu'une vision du monde ne l'est pas. Une vision du monde parle de l'expérience quotidienne partagée de l'humanité, une composante inévitable de tout savoir humain, et, en tant que telle, elle est non scientifique, ou plutôt (puisque le savoir scientifique est toujours dépendant du savoir intuitif de notre expérience quotidienne) *préscientifique*, par nature. Elle appartient à un ordre de connaissance plus fondamental que ceux de la science ou de la théorie. Tout comme l'esthétique présuppose un sens inné du beau et que la théorie légale présuppose une notion fondamentale de justice, la théologie et la philosophie présupposent une perspective préthéorique sur le monde. Elles proposent une élaboration scientifique d'une vision du monde.

Donc, en général, nous pouvons dire que vision du monde, philosophie et théologie sont semblables en ce qu'elles ont une portée globale, mais qu'elles sont différentes en ce qu'une vision du monde est préscientifique, alors que la philosophie et la théologie sont scientifiques. La distinction entre philosophie et théologie peut être clarifiée si nous introduisons deux concepts clés : la « structure » et la « direction ». La philosophie peut être définie comme la discipline scientifique globale (orientée vers le tout) qui s'intéresse à la *structure* des choses – c'est-à-dire à l'unité et à la diversité des faits de la création. D'un autre côté, la théologie (c'est-à-dire la théologie systématique chrétienne), peut être définie comme la discipline scientifique globale (orientée vers le tout) qui s'intéresse à la *direction* des choses – c'est-à-dire au mal qui infecte le monde et le remède qui peut le sauver. La philosophie chrétienne appréhende la création à la lumière des catégories fondamentales de la Bible ; la théologie chrétienne appréhende la Bible à la lumière des catégories fondamentales de la création. En contraste, une vision du monde s'intéresse de manière égale aux questions de structure et de direction. Elle ne connaît pas encore la différenciation des centres d'intérêt des disciplines scientifiques globales.

Nous pouvons en dire long sur ces distinctions, particulièrement sur la distinction entre structure et direction, mais cela devra attendre jusqu'à une partie ultérieure de notre discussion. Pour le moment, nous nous y intéressons uniquement de manière succincte, afin de clarifier la relation entre les trois façons intégrales de comprendre le monde.

Maintenant que nous avons une idée générale de ce qu'est une vision du monde, il nous reste à répondre à la question de savoir ce qui distingue la vision du monde réformatrice.

Une façon de voir ce caractère distinct est d'utiliser la définition de base de la foi chrétienne donnée par Herman Bavinck : « Dieu le Père s'est réconcilié, par la mort de son Fils, avec son monde créé, mais déchu, et le renouvelle en un Royaume de Dieu par son Esprit. » La vision du monde réformatrice prend tous les termes clés de cette profession trinitaire et œcuménique dans un sens universel et qui inclut tout. Les termes « réconcilié », « créé », « déchu », « monde », « renouvelle » et « Royaume de Dieu » sont considérés comme ayant une portée cosmique. En principe, rien à part Dieu lui-même ne tombe hors de portée de ces réalités fondamentales de la religion biblique.

La tentation permanente est de restreindre la portée de chacun de ces termes, dans une direction ou dans une autre. Chacun est compris pour s'appliquer uniquement à une aire délimitée de l'univers de notre expérience, habituellement nommée le royaume du « religieux » ou du « sacré ». Tout ce qui sort de cette aire délimitée est appelé le royaume « du monde », « séculier », « naturel » ou « profane ». Toutes ces théories des « deux royaumes », comme on les appelle, sont des variantes d'une vision du monde fondamentalement *dualiste*, contrairement à la perspective *intégrale* de la vision du monde réformatrice, qui n'accepte pas de distinction entre les « royaumes » du sacré et du séculier dans le cosmos.

Ceci est une façon d'expliquer le caractère distinct de la vision du monde réformatrice. Une autre façon de l'expliquer est de dire que ses traits caractéristiques sont organisés autour de l'idée centrale selon laquelle « la grâce restaure la nature » – c'est-à-dire que la rédemption en Jésus-Christ signifie la *restauration* d'une création originelle bonne. (Par *nature*, j'entends la « réalité créée », dans ces contextes.) En d'autres termes, la rédemption est la *recréation*. Si nous regardons cela de plus près, nous pouvons voir que cette affirmation fondamentale implique réellement trois dimensions fondamentales : la création originelle bonne, la perversion de cette création par le péché et la restauration de cette création en Christ. Il est évident que la doctrine de la création devient centrale dans une telle vision, puisque l'objet du salut est de sauver une création perturbée par le péché. Ce qui doit être évité ici, c'est la vision selon laquelle la grâce inclut quelque chose en plus de la nature, avec pour résultat que le salut est quelque chose de fondamentalement « non créationnel », supercréationnel ou même anti-créationnel. Selon une telle vision, tout ce que le Christ apporte et qui dépasse la création appartient au royaume du sacré, alors que la création originelle constitue le royaume du séculier.

Dans les trois chapitres suivants, nous nous intéresserons aux trois catégories bibliques fondamentales que sont la Création, la Chute et la Rédemption. Jusqu'à présent, nous avons parlé de manière plutôt abstraite de la vision du monde réformatrice, afin de la placer dans le contexte plus large des visions du monde chrétiennes en général. Il est maintenant temps de devenir plus spécifique, en reliant la vision du monde réformatrice à la fois aux thèmes centraux de l'Écriture et aux réalités fondamentales de notre expérience culturelle et sociétale.

2

LA CRÉATION

La loi de la création

Le mot *création* a un sens double. Lorsque nous parlons de « l'histoire de la création », nous faisons référence à l'activité de Dieu qui crée le monde en six jours ; lorsque nous parlons de « la beauté de la création », nous faisons référence à l'ordre créé, au *cosmos* qui en résulte (cosmos est un mot grec qui signifie dans ce cas « ornement », « parure »). L'activité créatrice (le processus) et l'ordre créé (le résultat) ne doivent pas être confondus.

Néanmoins, bien qu'ils soient distincts, ces deux sens du mot *création* sont étroitement liés. Cela n'est pas uniquement vrai dans le sens que la Création en tant qu'activité créatrice de Dieu s'est produite il y a longtemps, « au commencement », et que la création en tant qu'ordre créé est avec nous depuis lors. Cela est vrai, mais si nous n'en disons pas plus, nous naviguons dans les eaux troubles du déisme, l'hérésie selon laquelle l'activité créatrice de Dieu peut être oubliée une fois que l'horloge du cosmos a été remontée et que l'aiguille a commencé à tourner. Le fait est que le même Dieu créateur et la même puissance souveraine qui ont créé le cosmos au commencement ont *gardé en existence* ce cosmos à chaque instant jusqu'à aujourd'hui. « Des cieux ont existé autrefois par la parole de Dieu, ainsi qu'une terre tirée des eaux et au milieu d'elles », écrit l'apôtre Pierre, faisant référence à l'histoire de la Création dans Genèse 1, mais « *par la même parole*, le ciel et la terre d'à présent sont gardés et réservés pour le feu, pour le jour du jugement et de la ruine des hommes impies » (2 Pi 3.5,7). L'omnipotence souveraine de Dieu, par laquelle il rend toute chose telle qu'elle doit être, est la même au commencement de la création et à chaque instant de l'histoire de la Création. C'est ce que les théologiens entendaient lorsqu'ils ont écrit qu'il est difficile, voire impossible, de faire une distinction nette entre « création » et « providence » en tant qu'œuvres de Dieu. Le travail quotidien de Dieu qui consiste à préserver et à gouverner le monde ne peut pas être séparé de son acte de création du monde. « Créer » et « diriger » sont un tout dans le vocabulaire de Dieu. De jour en jour, chaque détail de notre existence en tant que créature (même les cheveux sur notre tête), continue d'être formé par les « Qu'il y ait » de la volonté souveraine du Créateur. L'ordre créé ne peut être, à chaque instant, imaginé sans l'activité créatrice de Dieu. Les deux sont en corrélation : les deux sens du mot *création* vont de pair et sont inséparables.

Par conséquent, considérant l'idée biblique de création, nous ne devons pas perdre de vue un seul instant l'activité créatrice de Dieu qui est à l'origine du monde, le maintient, le guide et le dirige. En fait, si nous voulons rendre justice à l'enseignement de la Bible au sujet de la souveraineté de Dieu sur toute chose, nous devons donner au terme *création* la définition suivante : « la corrélation entre l'activité souveraine du Créateur et l'ordre créé ».

Cela suscite un problème terminologique qui est familier aux étudiants en théologie biblique et en dogmatique. Quel terme devons-nous utiliser pour décrire les actes de la souveraineté de Dieu par lesquels il constitue et maintient la totalité de la réalité ? La Bible utilise de nombreux mots différents ; elle parle de la puissance de Dieu, de son souffle, de sa parole, de son règne, de sa main, de son plan, de sa volonté, de son appel, de son décret, de ses ordonnances et de ses lois. Tous ces termes expriment un aspect de ce que nous avons appelé la souveraineté de Dieu, à laquelle la réalité créée correspond, mais aucun d'entre eux ne saisit l'ensemble. Y a-t-il un seul terme que nous pouvons choisir qui signifie la totalité de son activité, afin de faciliter notre discussion au sujet d'une vision biblique du monde qui soit globale ? Ou bien devons-nous créer un nouveau terme technique, qui ne se trouve pas dans les Écritures elles-mêmes, à la manière dont les théologiens ont inventé des termes tels que *trinité*, *sacrement* et *omnipotence* ?

Pour des raisons qui s'éclairciront en cours de route, nous allons utiliser le mot *loi* pour signifier la totalité des actes d'ordonnance de Dieu à l'égard du cosmos. Il aurait été tentant d'utiliser le mot *création* lui-même, mais nous avons vu à quel point ce mot est inutilisable – trop large parce qu'il fait aussi communément référence aux choses créées, et trop restreint parce que dans notre usage normal (contrairement à celui de la Bible) il exclut les actes de providence de Dieu. Un autre mot biblique acceptable est le mot *sagesse*, mais dans les Écritures il fait beaucoup plus souvent référence à la sagesse humaine. Un terme équivalent issu de la tradition théologique pourrait être « la volonté révélée de Dieu » ou « *l'opera ad extra* de Dieu », mais chacun de ces termes est rempli de connotations trompeuses. Le mot *loi* a l'avantage non seulement d'être un mot biblique central, mais aussi de diriger l'attention sur Dieu en tant que *souverain*, en tant que Seigneur et Roi absolu. La loi est la manifestation de la souveraineté de Dieu dans la création. Le Créateur formule la loi pour toutes ses créatures, il dirige le monde par décret ; toutes les choses vivent et se meuvent par son décret législatif et souverain : « Car il dit, et la chose arr; il ordonne, et elle existe » (Ps 33.9).

En utilisant le mot *loi* dans ce sens, nous devons faire attention de garder à l'esprit que nous faisons référence à la loi dans son rapport à la *création*, le dessein de Dieu pour le monde et pour la vie humaine depuis le commencement. Cela doit être distingué des actes salvateurs de grâce de Dieu dans la *re-création*, même si ces derniers sont intimement liés à la loi dans la création. En d'autres termes, dans ce rapport, aussi, nous devons opérer une distinction entre la *loi* et l'*Évangile*, bien qu'ils ne doivent pas être opposés l'un à l'autre.

Dans ce sens, le mot *loi*, même lorsqu'il est distingué des œuvres de la rédemption, est, par extension, très riche et diversifié. Il inclut une grande variété de choses, de phénomènes, de relations et de principes – en fait, il inclut toute l'étendue de la réalité créée. Ce n'est pas notre but de cataloguer ces choses maintenant (c'est le travail de la philosophie de faire un tel inventaire), mais il existe deux couples de distinction qu'il faut faire dans la catégorie englobante de la loi et qui réclament notre attention immédiate : la distinction entre la loi de la nature et les normes et la distinction entre les lois générales et particulières.

Dieu impose sa loi au cosmos de deux manières, par lesquelles sa volonté est faite sur terre et dans les cieux. Il le fait soit directement, sans médiation, soit indirectement, en impliquant la responsabilité humaine. Tout comme un souverain humain fait certaines choses lui-même, mais donne des ordres à ses subordonnés pour d'autres choses, Dieu agit de même. Il met les planètes sur leur orbite, il fait arriver et partir les saisons au temps opportun, il fait pousser les graines et fait se reproduire les animaux, mais il confie à l'humanité les tâches de fabriquer des outils, de rendre la justice, de produire l'art et de poursuivre des études. En d'autres termes, la loi de Dieu est directe dans le royaume non humain, mais indirecte dans la culture et la société. Dans le royaume humain, les hommes et les femmes deviennent des collègues de Dieu ; en tant que créatures faites à l'image de Dieu, ils disposent aussi d'une certaine seigneurie sur la terre, ils sont les vice-rois dans la création. Il y a deux sortes de loi correspondant à ces deux sortes de gouvernement : les lois de la nature et les normes. Nous connaissons tous les lois de la nature, l'ordre régulier dans le royaume des choses physiques, des plantes et des animaux. Ces lois incluent les lois de la gravité, du mouvement, de la thermodynamique, de la photosynthèse et de l'hérédité – toutes les « lois naturelles » découvertes par la physique, la chimie, la biologie et les autres « sciences naturelles ». Nous ne sommes pas aussi habitués avec les lois de Dieu pour la culture et la société, que nous appelons *normes*, ou nous en sommes moins certains. Nous reconnaissons assurément des normes pour les relations interpersonnelles, mais nous hésitons lorsqu'il s'agit de normes pour les institutions sociétales, ou pour quelque chose d'aussi banal que l'agriculture. Cependant, l'Écriture et l'expérience nous enseignent que la volonté de Dieu doit être discernée aussi dans ces domaines, que le Créateur est souverain sur l'État aussi bien que sur le règne animal, qu'il est Seigneur de l'agriculture aussi bien que des échanges d'énergie. Les statuts et les ordonnances de Dieu se situent au-dessus de tout, et n'excluent certainement pas le vaste domaine des affaires humaines.

Cependant, il y a une différence cruciale entre les lois de la nature et les normes. En parlant des « vents impétueux qui *[exécutent]* ses ordres » (Ps 148.8), le psalmiste n'impute pas la responsabilité au vent. Le vent ne peut faire autre chose que d'obéir. Mais les êtres humains ont une responsabilité : nous devons rendre compte de la manière dont nous exécutons les commandements de Dieu, et nous sommes passibles de punition si nous ne les exécutons pas du tout. Les normes sont complexes. Elles peuvent être violées de bien des manières, et elles donnent aussi une certaine liberté à l'ingéniosité et à l'imagination responsable de l'être humain qui est appelé à les mettre en application. Le commandement « sois juste » doit être appliqué à de nombreuses situations humaines complexes et différentes, et il n'est pas non plus toujours facile de déterminer, pour chaque situation donnée, ce que demande la justice. Cependant, c'est notre tâche, qui est uniquement humaine, de mettre concrètement en pratique les critères définissant la norme pour la justice. Une pierre qui tombe n'a pas de tâche comparable lorsqu'elle obéit à la loi de la gravité, pas plus qu'un aigle qui observe les ordonnances de Dieu l'incitant à élever ses petits. La pierre obéit nécessairement, l'aigle répond instinctivement, mais une personne doit exercer une responsabilité personnelle : nous sommes appelés à *positiver* la norme, à l'appliquer aux situations spécifiques de nos vies. Toute la vie humaine dans toute sa grande diversité de relations culturelles, sociétales et personnelles doit, en ce sens, *répondre à des normes*. Le Créateur tout puissant revendique tout ; le Souverain universel impose ses lois pour tout ; le Roi absolu demande à ce que sa volonté soit discernée en tout.

Pour l'esprit occidental sécularisé, la distinction entre les lois de la nature et les normes est tellement grande, qu'elles ne semblent pas être différentes variétés de la même catégorie, mais des catégories carrément différentes. De nombreuses personnes sont prêtes à parler des « lois » de la nature (à moins qu'elles ne soient sophistiquées, auquel cas elles rejettent le terme *lois* en le trouvant trop métaphysique, et parlent plutôt de *modèles*), mais ont depuis longtemps abandonné l'idée de normes données pour le comportement humain. Au mieux, elles parleront de « valeurs », un terme qui en dit long sur la tentative de l'humanité de s'émanciper de tous les impératifs divins. Voir les lois de la nature et les normes en continuité les unes par rapport aux autres constitue une confusion des faits et des valeurs pour l'esprit moderne, un mélange du « est » et du « doit ».

L'esprit occidental moderne est par ailleurs exceptionnel à cet égard. Malgré toutes les divergences qui ont existé entre les visions du monde tout au long de l'histoire de l'humanité – primitives ou « supérieures », liées à un culte, philosophiques, païennes ou bibliques – presque toutes les visions du monde sont unies par leur croyance en un ordre mondial divin qui impose une loi pour les royaumes du naturel et de l'humain. Elles ont appelé cet ordre de bien des manières – *Tao* en Extrême-Orient, *Maat* en Égypte antique, *Ananke* et *Moira* dans la religion grecque, *Logos* ou *forme* dans la philosophie grecque, *sagesse* dans la Bible –, mais elles ont toutes en commun l'idée d'un ordre auquel l'humanité, tout comme la nature, est assujettie. Cependant, parmi elles, la religion biblique est unique en ce qu'elle proclame un Dieu qui n'est pas lui-même assujetti à l'ordre mondial, mais qui, en tant que Créateur, l'a mis en place. La Bible mentionne aussi, d'un seul souffle, les ordonnances pour la nature et pour l'humanité :

> Il envoie ses ordres sur la terre : sa parole court avec rapidité. Il donne la neige comme de la laine, il répand la gelée blanche comme de la cendre ; il lance sa glace par morceaux ; qui peut résister devant son froid ? Il envoie sa parole, et il les fond ; il fait souffler son vent, et les eaux coulent. Il révèle sa parole à Jacob, ses lois et ses ordonnances à Israël ; il n'a pas agi de même pour toutes les nations, et elles ne connaissent point ses ordonnances. Louez l'Éternel ! (Ps 147.15-20.)

Il n'y a pas de différence essentielle, semblerait-il, entre les ordres de Dieu pour la neige et pour la glace, et ses commandements à son peuple. Qu'ils soient lois de la nature ou normes, ils font partie de sa loi universelle pour toute la création.

À l'intérieur de la loi de la création, il existe une deuxième distinction, entre loi générale et loi particulière, et elle aussi peut être illustrée par le passage que nous venons de citer. Lorsque le psalmiste parle des lois et des décrets de Dieu, il a clairement à l'esprit les lois générales, comme les dix commandements, qui s'appliquent à une grande variété de situations. « Tu ne tueras point » n'est pas un commandement adressé par Dieu exclusivement à une personne particulière, à une époque et dans un lieu particulier (« Ne tue pas cet Égyptien, Moïse ! »), mais une loi qui est valable *de manière générale* pour tout le monde, à toutes les époques et en tous lieux. Même lorsqu'une loi, ou un décret, a une portée plus restreinte (par exemple « Si un homme ne respecte pas le sabbat, il sera lapidé »), cette loi, ou ce décret, est néanmoins valable pour *tous* les cas qui correspondent à la description, aussi longtemps que la législation est en vigueur. Le cas est différent, cependant, lorsque le psalmiste chante : « Il envoie sa parole, et il les fond » (Ps 147.18). En décrivant la souveraineté du Créateur sur la nature, le poète décrit la fonte des glaces en hiver (ou peut-être l'arrivée du printemps) et dit, en réalité : « Dieu a ordonné cette fonte des glaces, maintenant et ici ». Le commandement de Dieu est ici bien particulier, restreint à une époque et à un lieu spécifique. Ceci est aussi particulier que la chute d'un seul cheveu de ma tête, ou d'un seul moineau du ciel, et cela aussi fait partie du plan de Dieu.

Il est clair que la distinction entre lois générales et lois particulières recoupe la distinction entre lois de la nature et normes. Les lois naturelles sont communément comprises comme étant universellement valides et cependant, certains événements naturels individuels impliquent des caractéristiques qui ne sont pas réductibles à l'aspect de la régularité universelle. Ces caractéristiques uniques, de la même manière, existent conformément à la volonté providentielle de Dieu. Et il est évident que les normes aussi sont universellement valides, comme dans le cas des impératifs de Dieu, par exemple, d'être justes, fidèles et des intendants responsables. Mais la volonté de Dieu pour les êtres humains n'est pas seulement générale, elle est aussi particulière, nous touchant par ce qui a traditionnellement été désigné par le terme « appel », ou « direction ». Par conséquent, ce que nous avons appelé la « loi » de la création est à la fois contraignant (les lois de la nature) et « engageant » (les normes). L'étendue de sa validité peut être à la fois généralisée (générale) et individualisée (particulière).

Deux remarques supplémentaires devraient être ajoutées à propos de la distinction général-particulier. La première est que la signification ordinaire du mot *loi* doit être quelque peu modifiée pour s'accommoder du sens de « commandement particulier ». Nous n'utilisons communément pas le mot *loi* dans ce sens, bien qu'il soit clairement très proche, dans sa signification, du mot « commandement », et porte la signification plus large dans des expressions comme « Sa parole a force de loi ». La seconde remarque est que la validité universelle de la loi de Dieu reflète sa *constance* lorsqu'il est question de sa relation avec ses créatures. Cela ne veut pas dire que la validité universelle implique le sens absolu d'un déterminisme métaphysique divorcé de la caractéristique personnelle de Dieu, c'est-à-dire la fidélité ou la loyauté (en hébreu *'emet*, vérité), lorsqu'il traite avec les autres. Bien que Dieu puisse nous surprendre et nous stupéfier (et il le fait souvent ; nous parlons alors de miracles), cela ne suggère pas que nous ne pouvons pas nous fier à lui ; au contraire, cela souligne sa totale fiabilité. En d'autres termes, dans la loi de Dieu, il n'y a pas de tension entre l'universel et le particulier.

La parole de Dieu dans la création

Dans les Écritures, il existe un lien étroit entre la « parole » de Dieu et sa loi. La parole du Souverain est la loi, et il est souvent approprié de traduire le mot hébreu « *dabar* » (« parole ») par « ordre », lorsqu'il fait référence à Dieu qui parle. L'expression « vents impétueux qui exécutez ses ordres » (Ps 148.8), par exemple, est une version révisée, que l'on trouve dans la *Bible NEG79*, de la traduction plus littérale « exécutez sa parole », que l'on trouve dans la *Bible Ostervald* ou *Darby*, par exemple. Puisque l'expression « parole de Dieu » et ses équivalents (« parole du Seigneur », « ta parole ») jouent un rôle clé dans certains passages des Écritures qui traitent de la création, nous devrions étudier de plus près la demi-douzaine de passages concernés.

Pour ce faire, nous devons, premièrement, considérer le récit de la Création dans Genèse 1, qui semble être la toile de fond de nombreux passages, si ce n'est de tous les passages, faisant référence à la Création qui mentionnent la parole de Dieu. Nous connaissons tous les majestueuses paroles d'ouverture de ce chapitre, « Au commencement, Dieu créa les cieux et la terre », et nous réalisons (bien qu'il ait fallu un affrontement avec la philosophie païenne pour trouver une formulation théologique précise) que ces mots font référence à une *creatio ex nihilo*, une création à partir de rien. L'Église primitive faisait face à certaines hérésies qui prétendaient que Dieu œuvrait avec, pour matière première, une matière éternelle, préexistante et non créée, à la manière d'un artisan humain, et à la manière dont l'Artisan ou le Démiurge divin a fait le monde dans le *Timée* de Platon. Cependant, nous ne réalisons pas toujours que les actes créateurs de Dieu dans les six jours subséquents à la Création présupposent une « terre » déjà créée, non formée, vide et sombre, et que les « Qu'il y ait » souverains subséquents du Créateur établissent une variété de distinctions créationnelles (lumière-ténèbres, au-dessus-au-dessous du firmament, mer-terre, etc.) *à l'intérieur* de ce royaume terrestre déjà créé, mais à l'origine non terminé. En d'autres termes, nous ne pouvons strictement parler de *creatio ex nihilo* dans le cas des décrets créateurs de Dieu lors des six jours. Plutôt, la création a ici le rôle d'*élaboration* et d'*achèvement* de l'état non formé de la réalité terrestre. C'est ce que les théologiens ont appelé la *creatio secunda*, distincte de la première et primordiale création du ciel et de la terre à partir de rien, la *creatio prima*. Ceci illustre de nouveau à quel point il est difficile d'établir une distinction claire et nette entre la création et la providence.

Nous devrions aussi noter, en passant, que les Écritures utilisent ici les deux termes « cieux » et « terre » à la fois dans un sens large et dans un sens restreint. C'est le sens large qui est entendu dans la déclaration d'ouverture selon laquelle Dieu a créé le ciel et la terre. L'intérêt du récit se tourne ensuite immédiatement vers la terre (« La terre était informe et vide... »), et on n'entend plus parler des cieux dans ce sens original (vraisemblablement les cieux en tant que lieu du trône de Dieu et demeure des anges). Toutefois, en continuant de décrire les divisions dont Dieu ordonne l'apparition à l'intérieur de la « terre » dans le sens large – ce que nous devrions appeler « réalité terrestre » pour éviter les confusions – l'histoire donne aussi au firmament le nom de « ciel » (v. 8), et le nom « terre » au sec, aussi (v. 10). Alors, le mot « ciel » peut désigner à la fois le royaume du trône de Dieu et des anges, et aussi le royaume du soleil, de la lune et des étoiles. Et « terre » peut désigner à la fois la réalité terrestre (dans le sens de cosmos créé en dehors de la demeure de Dieu) et le sec, à distinguer des mers. Cela a de l'importance si nous considérons la domination de l'homme sur la « terre ». Une seconde remarque, en passant, est que l'expression

« informe et vide », au verset 2, ne décrit pas un chaos – c'est-à-dire l'antithèse du cosmos (l'interprétation actuellement très répandue, qui puise dans les parallèles babyloniens) ; plutôt, elle décrit le premier pas vers l'ordre du cosmos terrestre, quelque chose comme l'esquisse de l'artiste, qui est par la suite remplie de couleurs et de détails, ou comme la structure nue d'une maison avant qu'elle ne soit terminée et meublée. Le fait est qu'il n'y a pas de distorsion de la bonne création de Dieu avant le péché de l'homme : *informe* signifie « non formé », et non « déformé ».

En lien avec notre discussion sur le mot « parole » dans la création, nous comprenons que les déclarations créatrices de Dieu – « Que la lumière soit », « Qu'il y ait une étendue », et ainsi de suite (huit fois en tout) – font référence à la *creatio secunda*, l'élaboration et l'aménagement du royaume terrestre en un beau cosmos. C'est ce que le psalmiste entend lorsqu'il dit : « Les cieux ont été faits par la parole de l'Éternel » (Ps 33.6), faisant référence au deuxième ordre : « Qu'il y ait une étendue ». Sans aucun doute, c'est aussi ce à quoi l'apôtre Pierre fait allusion, lorsqu'il écrit les mots que nous avons cités précédemment : « Ils veulent ignorer, en effet, que des cieux existèrent autrefois par la parole de Dieu, ainsi qu'une terre tirée de l'eau et formée au moyen de l'eau » (2 Pi 3.5), rappelant aussi le troisième décret créateur : « Que les eaux qui sont au-dessous du ciel se rassemblent en un seul lieu et que le sec paraisse ! » La « création secondaire » semble aussi être ce que l'auteur de la lettre aux Hébreux a en tête lorsqu'il dit : « C'est par la foi que nous reconnaissons que l'univers a été formé par la parole de Dieu » (Hé 11.3), où le mot traduit par « formé » est le même mot utilisé ailleurs pour signifier l'activité du potier qui consiste à transformer un tas d'argile en un récipient en poterie (voir Ro 9.21). Par son ordre, Dieu « travaille » la terre non formée pour qu'elle devienne un chef-d'œuvre de l'artisan.

Nous pourrions être tentés de suivre certains théologiens et utiliser l'expression « parole de Dieu » pour ce que nous avons appelé la « loi » créationnelle de Dieu. Bien sûr, il est vrai que les Écritures utilisent le mot « parole » pour faire référence non seulement à la création, mais aussi au soutien (Hé 1.3) et à la gouvernance (Ps 147.18 ; 148.8) de la providence de Dieu. Néanmoins, un tel usage ne serait pas judicieux parce que, dans la plupart des cas, et de loin, l'expression « parole de Dieu » est utilisée dans les Écritures pour faire référence au message de Dieu concernant le péché et la grâce exprimé en langage humain, et dans la littérature théologique, elle a longtemps été utilisée pour faire référence aux Écritures elles-mêmes. Lui donner une signification théologique normalisée de plus ne provoquerait que de la confusion.

L'explication la plus importante concernant cette digression au sujet de l'expression « parole de Dieu » en tant que l'un des termes utilisés dans la Bible pour signifier la loi créationnelle, c'est le lien établi dans le prologue de l'Évangile selon Jean, entre la Création et le Christ en tant que Parole éternelle : « Au commencement était la Parole, et la Parole était avec Dieu, et la Parole était Dieu. Elle était au commencement avec Dieu. Toutes choses ont été faites par elle, et rien de ce qui a été fait n'a été fait sans elle. » L'expression répétée « au commencement » indique clairement la Création comme elle est décrite dans Genèse 1, lorsque « toutes choses ont été faites ». L'apôtre Jean nous enseigne ici que la Création (comme l'avaient fait les autres apôtres avant lui – voir Col 1.16 et Hé 1.2 et 2.10) a été faite « par l'entremise » du Christ. Dans un certain sens, le Christ est le « médiateur de la création ». De plus, en donnant au Christ le titre de « Parole », il suggère un lien intime entre le Christ « par qui » et la parole de Dieu « par laquelle » l'univers a été formé. Il semble, par conséquent, faire spécifiquement allusion aux décrets de Genèse 1, mais il n'est pas clair s'il les distingue de la *creatio ex nihilo* de son verset d'ouverture. (Le mot traduit par « a été fait » ou « ont été fait » ne clarifie pas les choses ; il signifie simplement « devint » ou « vit le jour », ce qui pourrait facilement faire référence à la création dans l'autre sens.) Cependant, que Jean ait eu la distinction en tête ou non, nous pouvons voir au moins par ses mots que le Christ est au centre même de l'acte créateur de Dieu.

Par ailleurs, le Nouveau Testament enseigne aussi clairement que le Christ est intimement impliqué dans la *préservation* de la création. Non seulement est-il vrai qu'« en lui ont été créées toutes les choses qui sont dans les cieux et sur la terre », mais « toutes choses subsistent en lui » (Col 1.16,17). Il est le Fils de Dieu, Celui dont il est dit « par lui il a aussi créé l'univers », mais aussi, « il soutient toutes choses par sa parole puissante » (Hé 1.2,3). Le soutien tout puissant de Dieu est aussi la parole de son Fils. En bref, le Christ est intimement présent dans toute l'étendue de ce que nous appelons la loi créationnelle. Il est à la fois le médiateur de la création et de la re-création.

L'étendue de la création

Tout ce que nous avons dit jusqu'à présent a été utile pour souligner la centralité, dans les Écritures, de la loi souveraine de Dieu sur toute la création – ou plutôt de la place intégral qu'occupe la loi dans le concept même de création, conçu de manière biblique. L'idée d'une loi créationnelle sera notre point de départ et notre point de référence constant dans le reste de notre discussion sur la création.

Si nous comprenons la création comme étant la corrélation entre la loi et le cosmos (ou entre la loi et le « sujet », puisque tout l'ordre créé est assujetti à la loi englobante de Dieu), il est alors immédiatement clair que la « création » possède une étendue beaucoup plus large que celle que l'usage commun lui accorde. Habituellement, lorsque nous parlons de création, nous avons en tête les réalités étudiées par les sciences naturelles – la structure de l'atome, les mouvements du système solaire, le cycle de vie d'une plante, l'instinct de construction d'un castor. Voilà le genre d'idée qui nous vient à l'esprit lorsque nous parlons des « merveilles de la nature ». Ou alors, nous pouvons penser à une majestueuse montagne couverte de neige ou à l'étendue infinie du ciel étoilé. Notre compréhension de la création est communément restreinte au royaume du physique. La même compréhension est reflétée dans le nom « Creation Research Society » (Société pour la recherche sur la création), une association qui s'intéresse en grande partie à une approche scripturale dans des domaines comme la physique, la géologie, l'astronomie et la biologie. Les disciplines comme la sociologie, l'esthétique, les sciences politiques et les sciences économiques se retrouvent hors du champ d'investigation de la Société.

Nous ne ferons pas une telle distinction puisque nous comprenons la création en termes de corrélation loi-sujet. Les ordonnances de Dieu s'étendent aussi aux structures de la société, au monde de l'art, aux affaires et au commerce. La civilisation humaine est faite pour répondre à des *normes* d'un bout à l'autre. Partout nous découvrons des limites et des propriétés, des normes et des critères : dans tous les domaines d'activité humaine, il y a une bonne et une mauvaise façon de faire les choses. Dans la vie humaine, il n'y a rien qui n'appartienne pas à l'ordre créé. Tout ce que nous sommes et tout ce que nous faisons relèvent, du début à la fin, de la réalité créée.

Il y a quelques passages dans les Écritures où la confession fondamentale de la souveraineté créationnelle de Dieu est spécifiquement appliquée à de telles réalités non physiques. Selon Paul, le mariage fait partie des choses « que Dieu a *[créées]* pour qu'*[elles]* soient *[prises]* avec actions de grâces ». C'est par conséquent une hérésie démoniaque d'interdire le mariage, car « tout ce que Dieu a créé est bon, et rien ne doit être rejeté » (1 Ti 4.3,4). Dans le passage bien connu exhortant à la soumission aux autorités romaines, Paul écrit : « car toute autorité vient de Dieu, et celles qui existent ont été établies par Dieu. C'est pourquoi celui qui s'oppose à l'autorité résiste à *l'ordre que Dieu a établi* » (Ro 13.1,2). La clause finale est une traduction de *diatage*, un mot grec qui signifie « commandement », qui est bien traduit ici par « ordre ». L'apôtre Pierre fait écho à l'enseignement de Paul en des mots encore plus clairs : « Soyez soumis, à cause du Seigneur, à toute *autorité établie* parmi les hommes » (1 Pi 2.13) ; les mots en italique sont une traduction du mot grec *ktisis*, le mot biblique commun pour « création » ou « créature ». Il semble évident, par conséquent, que l'autorité civile appartient à l'ordre créé ; l'État est fondé par une ordonnance de Dieu.

Ces énoncés bibliques traitant indirectement de la nature créationnelle du mariage et de l'État ne prouvent pas que les structures sociétales appartiennent en règle générale à la création ; elles illustrent simplement un point qui découle de la confession fondamentale de la portée universelle des ordonnances de Dieu. La même chose est valable pour des structures comme la famille et l'Église et pour des institutions modernes comme les affaires et les écoles. Elles aussi sont enracinées dans les réalités de l'ordre du monde de Dieu et ne sont, par conséquent, pas arbitraires en termes de configuration. Toutes les écoles et toutes les sociétés ont certaines caractéristiques constantes qui les distinguent des autres institutions. La constance de ces caractéristiques distinctives doit être liée à la nature de la réalité, telle qu'elle est donnée par Dieu. Les éducateurs, par exemple, développent un sens intuitif en ce qui a trait à la structure distincte d'une école ; si les membres du conseil de l'école tentent de la diriger comme une entreprise, ils reconnaissent la violence qui est faite à la nature d'une institution éducative. Ils sont en accord avec ses structures normatives, à la loi qui est valable pour elle. De la même manière, les cadres d'entreprise savent qu'une entreprise ne peut pas être dirigée comme une famille. Dans une firme, les relations doivent être « professionnelles » pour être normatives ; elles sont jugées selon des normes de propriété caractéristiques qui ne sont pas arbitraires.

Ce qui est vrai pour la vie sociétale est aussi vrai pour la culture. Les mondes de l'art et de la pédagogie sont liés à des normes données. La majeure partie de l'art moderne, avec son refus de reconnaître toute norme esthétique, s'approche du nihilisme : il manifeste une glorification de la créativité humaine autonome et, ce faisant, nie la créativité de Dieu dans le royaume esthétique. Tout art n'est pas bon. Les artistes et les esthètes, chacun à leur manière, sont appelés à discerner les critères qui définissent l'art bon – des critères qui ne sont pas arbitraires, mais enracinés dans un ordre donné des choses qui doit être honoré. Les choses ne sont pas différentes dans le domaine de la pédagogie et de l'éducation des enfants. Dans le développement de l'enfant, il y a des étapes de maturité émotionnelle et intellectuelle qui doivent être respectées par les éducateurs. L'enseignant ne peut se permettre d'ignorer la curiosité naturelle ou l'allégresse spontanée des enfants. Une pédagogie qui ignore ces réalités données est antinormative ; elle bat en brèche la loi de la création.

Nous pourrions continuer ainsi. Les émotions et la sexualité humaine, par exemple, ne sont pas sans normes. Notre raisonnement est assujetti aux lois de la pensée, notre discours aux principes sémantiques. Tout est assujetti aux lois données de Dieu : tout est créationnel. Toutes les sphères de ce que les théologiens ont appelé « la vie naturelle » sont des parties et des divisions de la réalité créée. Elles sont nommées et ordonnées en tant que provinces du royaume terrestre qu'Il a créé.

La révélation de la création

Nous avons défini la loi de la création comme la somme de l'activité souveraine de Dieu envers le cosmos créé. La révélation de Dieu dans la création fait partie de cette activité souveraine, c'est ce qui a traditionnellement été appelé « la révélation générale ». La loi de la création est révélatoire : elle révèle la connaissance. Les Écritures sont très explicites à ce sujet.

> Les cieux racontent la gloire de Dieu, et l'étendue manifeste l'œuvre de ses mains. Le jour en instruit un autre jour, la nuit en donne connaissance à une autre nuit. Ce n'est pas un langage, ce ne sont pas des paroles dont le son ne soit point entendu : leur retentissement parcourt toute la terre, leurs accents vont aux extrémités du monde (Ps 19.2-5).

Dans le Nouveau Testament, c'est Paul qui, de manière particulière, souligne l'importance de la révélation de Dieu dans la création. À Lystre, où les païens voulaient rendre un culte à Barnabas, comme s'il était Zeus, Paul s'est jeté dans la foule des aspirants croyants et les a appelés à renoncer à leurs idoles pour se tourner vers « le Dieu vivant, qui a fait le ciel, la terre, la mer et tout ce qui s'y trouve » (Ac 14.15). Au sujet de ce Créateur, il continue et dit : « quoiqu'il n'ait cessé de rendre témoignage de ce qu'il est, en faisant du bien, en vous dispensant du ciel les pluies et les saisons fertiles, en vous donnant la nourriture avec abondance et en remplissant vos cœurs de joie » (Ac 14.17). Peu après cela, à Corinthe, Paul écrit sa célèbre lettre aux chrétiens qui se trouvent dans la capitale romaine ; dans celle-ci, il répète le même thème. Il parle de la colère de Dieu à l'encontre de l'humanité qui, par sa méchanceté, a étouffé la vérité. Cette accusation n'est pas injuste, « car ce qu'on peut connaître de Dieu est manifeste pour eux, Dieu le leur ayant fait connaître. En effet, les perfections invisibles de Dieu, sa puissance éternelle et sa divinité, se voient comme à l'œil nu, depuis la création du monde, quand on les considère dans ses ouvrages. Ils sont donc inexcusables » (Ro 1.19,20). Ce langage est très audacieux. La vérité est accessible à l'humanité, mais nous l'étouffons. Nous « voyons clairement » et « comprenons » la puissance éternelle de Dieu et sa nature divine (synonymes, ou termes assez proches, de ce que nous avons appelé la loi de Dieu et sa souveraineté), mais nous déformons et dénaturons cette connaissance. De plus, cette connaissance provient « de la création » (le nom grec est *ktisis*, et la préposition signifie normalement « de » et non « depuis ») et de « ce qui a été fait » (en grec *ta poiēmata*, « les œuvres de l'artisan »). Dieu parle clairement par ses œuvres, mais, paradoxalement, nous ne les écoutons pas.

Néanmoins, en dépit de la perversité humaine, certains messages de Dieu dans la création réussissent à passer. Même les non-Juifs, « qui n'ont pas la loi » (c'est-à-dire la loi mosaïque, l'énoncé de la loi créationnelle de Dieu pour l'Israël de l'Ancien Testament), sont sensibles à ses exigences normatives, comme l'ajoute Paul dans le chapitre suivant de sa lettre : « Quand les païens, qui n'ont point la loi, font naturellement ce que prescrit la loi, ils sont, eux qui n'ont point la loi, une loi pour eux-mêmes ; ils montrent que l'œuvre de la loi est écrite dans leur cœur, leur conscience en rendant témoignage, et leurs pensées s'accusant ou se défendant tour à tour » (Ro 2.14,15).

Même si Dieu n'exprime pas verbalement et explicitement les normes créationnelles de justice et de fidélité, d'intendance et de respect, les gens ont, intuitivement, le sens des normes de conduite. L'un des mots qui correspondent à cette syntonie avec la normativité créationnelle est le mot *conscience*. En tant qu'êtres humains, nous sommes tellement imbriqués dans le tissu d'une création normée que, malgré notre mutinerie religieuse, nous nous conformons aux normes créationnelles « par nature », en vertu de notre constitution même, en tant que créatures. La loi créationnelle parle si fort, s'imprime avec tellement de force sur les êtres humains, même au milieu des illusions du paganisme, que ses exigences normatives sont comprises au plus profond de leur être, elles sont « écrites dans leurs cœurs » comme l'inscription indélébile d'un texte de loi sur une tablette d'argile. Cela ne fait pas référence à une quelconque vertu innée de « l'homme naturel », non affecté par le péché, mais au doigt du souverain Créateur qui grave des rappels de ses normes sur les sensibilités humaines, même au milieu de l'apostasie. Dieu ne manque pas de laisser des témoignages à son sujet ; il refuse d'être ignoré. Il se revendique lui-même en exposant de manière manifeste sa « puissance éternelle et sa nature divine », afin que nous ne manquions pas de prendre note des prétentions du Créateur sur notre obéissance.

Tout cela est probablement mieux illustré dans l'idée de « sagesse », que l'on retrouve dans l'Ancien Testament. Pour l'homme sage du livre des Proverbes, écrit James Fleming, un spécialiste de l'Ancien Testament, « la sagesse... était forgée dans la constitution de l'univers, » si bien que « la sagesse humaine consistait à connaître la Sagesse divine – plan, ordre – et à s'y accorder. » Par conséquent, « la sagesse signifiait se conformer à la constitution divine. Chacun doit trouver ce que c'est, et ensuite agir en conséquence ». En un mot, « la sagesse est la conformité éthique à la création de Dieu[1] ». Il y a ainsi deux sens à la sagesse, correspondant à la loi et au sujet

---

1. James Fleming, *Personalities of the Old Testament* [Personnalités de l'Ancien Testament], New York, Scribners, 1939, p. 502.

dans la création : du côté de la loi, il y a la sagesse divine, le plan et l'ordre de Dieu, « forgée dans la constitution de l'univers » ; du côté du sujet, il y a la sagesse humaine, l'harmonisation ou la conformité à l'ordre créationnel.

Le terme qui apparaît dans les premiers chapitres du livre des Proverbes doit être compris comme la sagesse sur le plan de la loi. Ici, la Sagesse est personnifiée par une femme se tenant sur les places publiques, où tout le monde peut l'entendre haranguer la masse insouciante des hommes :

> Jusqu'à quand, stupides, aimerez-vous la stupidité ? Jusqu'à quand les moqueurs se plairont-ils à la moquerie, et les insensés haïront-ils la science ? Tournez-vous pour écouter mes réprimandes ! Voici, je répandrai sur vous mon Esprit, je vous ferai connaître mes paroles (Pr 1.22,23).

Cet appel à tout le peuple constitue l'appel à la normativité, c'est Dieu qui frappe à la porte de nos cœurs et de nos esprits, nous exhortant à ouvrir et à répondre aux voies de sa loi. À ceux qui font attention, la Sagesse promet les richesses de sa connaissance ; ceux qui l'ignorent sont des idiots et des moqueurs.

Le lien entre la Sagesse et la création est établi très explicitement au chapitre 8 du livre des Proverbes. De nouveau, la Sagesse s'écrie en public, « ma voix s'adresse aux fils de l'homme » (Pr 8.4), se rapportant ici à son rôle dans la création :

> L'Éternel m'a acquise au commencement de ses voies, avant ses œuvres les plus anciennes. J'ai été établie depuis l'éternité, dès le commencement, avant l'origine de la terre. [...] Lorsqu'il disposa les cieux, j'étais là ; lorsqu'il traça un cercle à la surface de l'abîme, lorsqu'il fixa les nuages en haut, et que les sources de l'abîme jaillirent avec force, lorsqu'il donna une limite à la mer, pour que les eaux n'en franchissent pas les bords, lorsqu'il a tracé

les fondements de la terre, j'étais à l'œuvre (*'āmōn*) auprès de lui […] (Pr 8.22,23,27-30).

Par une métaphore audacieuse, le poète montre comment la Sagesse se décrit elle-même comme une sorte de plan vivant, précédant la création, mais présente lors de son exécution. Cela semble être la loi de la création avant la création, dépeinte comme la « conception d'un artiste » personnifiée, qui l'accompagne dans son œuvre. Les dernières lignes citées soulignent le fait que son œuvre implique l'imposition de limites sur la création ; dans cette activité de Dieu, la Sagesse est « à ses côtés comme un *'āmōn* ». Je vais ajouter ma supposition à celles qui ont déjà été faites (« chéri et délice », « maître artisan », « petit enfant ») concernant la signification de cet obscur mot hébreu. Je suggérerais qu'il signifie quelque chose comme un modèle réduit, un point de référence fixe utilisé par l'artisan comme gabarit pour la construction. Tout comme Dieu l'artisan façonne le monde, la Sagesse est le gabarit selon lequel il œuvre.

C'est de cette Sagesse personnifiée, le prototype de l'univers, qu'il est dit dans Proverbes au chapitre 9 qu'elle a construit sa maison avec sept piliers (probablement une autre référence à la création) et qu'elle y prépare un festin, auquel tous sont invités : « Quittez la stupidité, et vous vivrez, et marchez dans la voie de l'intelligence ! » (Pr 9.6.) Cette invitation contraste avec le chant de la sirène de Dame folie (voir Pr 9.13-18) et constitue une introduction parfaite aux « proverbes de Salomon » qui commencent au chapitre suivant. Ces proverbes représentent le festin de discernement et de compréhension auquel Dame Sagesse invite l'humanité. Ils traitent en grande partie de la sagesse nécessaire pour la vie de tous les jours, née d'une sensibilité, acquise dans la crainte de Dieu, à l'ordre de la création dans la vie de famille, dans l'agriculture, dans le commerce et dans l'administration. La sagesse des proverbes est le fruit de la révélation de Dieu dans la création.

Le concept de sagesse en tant qu'ordre normatif de la création n'est pas limité au livre des Proverbes, bien sûr. Le livre de Job en est rempli (particulièrement les célèbres passages des chapitres 38 à 41), tout comme le livre de l'Ecclésiaste. Mais ce qui est peut-être le passage le plus instructif concernant la révélation de la sagesse de Dieu dans la création ne se trouve pas du tout dans un des « livres de sagesse ». Je fais référence à la fin du chapitre 28 du livre d'Ésaïe :

> Prêtez l'oreille, et écoutez ma voix ! Soyez attentifs, et écoutez ma parole ! Celui qui laboure pour semer laboure-t-il toujours ? Ouvre-t-il et brise-t-il toujours son terrain ? N'est-ce pas après en avoir aplani la surface qu'il répand de la nigelle et sème du cumin ; qu'il met le froment par rangées, l'orge à une place marquée, et l'épeautre sur les bords ? *Son Dieu lui a enseigné la marche à suivre, il lui a donné ses instructions.* On ne foule pas la nigelle avec le traîneau, et la roue du chariot ne passe pas sur le cumin ; mais on bat la nigelle avec le bâton, et le cumin avec la verge. On bat le blé, mais on ne le bat pas toujours ; on y pousse la roue du chariot et les chevaux, mais on ne l'écrase pas. *Cela aussi vient de l'Éternel des armées ; admirable est son conseil, et grande est sa sagesse* (És 28.23-29).

Le Seigneur enseigne au fermier son métier. Il y a une bonne façon de labourer, de semer et de battre le grain, en fonction du genre de grain qu'il cultive. L'aneth, le cumin, le blé et le moût d'épeautre doivent tous être traités différemment. Un bon fermier sait cela, et sa connaissance aussi vient du Seigneur, car le Seigneur l'enseigne. Ce n'est pas un enseignement par le biais de la révélation de Moïse et des prophètes, mais un enseignement par le biais de la révélation de la création – le sol, les graines et les outils de son expérience quotidienne. C'est en écoutant la voix de Dieu dans le travail de ses mains que le fermier découvre les voies de la sagesse agricole.

L'une des implications de la révélation de Dieu dans la création est que l'ordre de la création est *connaissable*. Ceci constitue aussi la signification de l'appel de la Sagesse à tous – elle appelle tout le monde à faire attention à elle et à apprendre d'elle, car le discernement et la compréhension leur sont réellement disponibles s'ils l'écoutent attentivement. Cette « connaissabilité » fondamentale de l'ordre de la création constitue la base de toute compréhension humaine, à la fois dans la science et dans la vie de tous les jours. De nouveau, cette idée est généralement admise assez volontiers dans le cas des sciences naturelles (bien qu'ici encore, la philosophie humaniste de la science ait abandonné depuis longtemps l'idée d'un ordre de la nature donné que la science puisse connaître), mais elle adhère au scepticisme et à l'incrédulité absolue lorsqu'elle est appliquée aux sciences sociales et aux sciences humaines. La même chose s'applique à la connaissance quotidienne qui précède la science. Si, pour notre exercice d'argumentation, nous supposons qu'il y ait réellement des normes créationnelles données pour la vie esthétique, par exemple, peuvent-elles être découvertes, particulièrement dans cette dispensation pécheresse ? S'il existe une structure normative pour l'école, pour l'État, pour le monde des affaires, avons-nous un quelconque accès cognitif pour la découvrir ? Les interprétations et les théories contradictoires de personnes suivant pourtant la même ligne de pensée au sujet de ces réalités ne font-elles pas mentir cette « connaissabilité » ? Le vieil adage du relativisme esthétique – *de gustibus non disputandum est* – s'applique-t-il de manière générale à toute question de « valeur » ?

C'est sur ce point, entre autres, que les visions du monde se divisent. De même, les chrétiens ne sont pas d'accord entre eux sur cette question fondamentale de la « connaissabilité » de la loi créationnelle. Nombreux sont ceux qui soutiendront que le plan créationnel des choses a été altéré par la chute (ou du moins si obscurci qu'il est inaccessible à notre connaissance) ou alors que les capacités cognitives humaines ont été tellement corrompues par le péché qu'elles sont incapables de discerner la volonté de Dieu dans des domaines comme l'art, l'économie ou la politique. De telles visions, soit ne rendent pas justice à la constance de la volonté de Dieu pour la création (ou à sa puissance révélatoire), soit minimisent l'importance de la puissance rénovatrice de Jésus-Christ qui restaure notre faculté de discernement. Nous nous occuperons de ces deux erreurs dans les chapitres sur le péché et la rédemption. Dans le présent contexte, nous nous limiterons à avancer un autre argument scripturaire (en plus de ceux déjà présentés) en faveur de la connaissabilité des normes créationnelles. Il s'agit de ce que disent les Écritures au sujet du *discernement spirituel*.

Parmi les nombreux passages représentatifs de ce thème dans le Nouveau Testament (par exemple, Ép 1.17,18, Ro 12.2, Hé 5.14), nous pouvons sélectionner les mots suivants que Paul adresse aux Colossiens : « C'est pour cela que nous aussi, depuis le jour où nous en avons été informés, nous ne cessons de prier Dieu pour vous ; nous demandons que vous *soyez remplis de la connaissance de sa volonté, en toute sagesse et intelligence spirituelle*, pour marcher d'une manière digne du Seigneur et lui être entièrement agréables » (Col 1.9,10). Il est nécessaire d'avoir du discernement spirituel si nous voulons connaître la volonté de Dieu. Les Écritures sont silencieuses sur de nombreuses choses, mais au sujet desquelles nous devons néanmoins chercher à connaître la volonté du Seigneur. Au-delà de l'orientation explicite des Écritures, nous avons besoin de « sagesse et d'intelligence spirituelles ». Traditionnellement, les chrétiens ont compris ces dernières comme faisant référence à l'orientation nécessaire lorsque vient le temps de prendre des décisions personnelles très importantes, comme le choix d'un époux, d'une vocation, considérer un déménagement dans un autre pays ou d'autres choix du même genre – en résumé, l'orientation ou l'appel, c'est ce que nous avons appelé les aspects particuliers de la loi de Dieu dans nos vies. Ceci fait partie, sans aucun doute, de ce que Paul a à l'esprit ici, mais pouvons-nous exclure les aspects *généraux* de la loi de Dieu, les principes normatifs qui gouvernent les activités culturelles et sociétales comme le journalisme, l'éducation, la publicité et les relations internationales ? Dans ces domaines, aussi, la Bible ne fournit rien de plus que des paramètres généraux. Ne devons-nous pas chercher et honorer, ici aussi, la volonté de Dieu spécifique à un domaine ? Poser la question, c'est y répondre. La division implicite que font de nombreux chrétiens entre la vie privée et la vie publique lorsqu'ils appliquent les mots de Paul est tout à fait arbitraire. En fait, elle est basée sur un dualisme infondé qui se trouve dans leur vision du monde.

Le parallèle que nous venons de faire avec « l'orientation » et « l'appel » est aussi instructif d'une autre manière. Dans le cas d'une décision spécifique, nous confessons qu'il y a une volonté de Dieu que nous sommes appelés à connaître et que Dieu promet de nous révéler. Par le biais d'une évaluation bien avisée des facteurs impliqués, par le biais d'une consultation avec des conseillers chrétiens de confiance, par le biais de la prière et de l'étude des Écritures, nous recherchons la volonté de Dieu ; par le biais du don de « la sagesse et de la compréhension spirituelles », nous commençons à la discerner. Parfois, nous prenons nos décisions en étant complètement assurés d'avoir trouvé la voie de Dieu, mais le plus souvent nous prenons des décisions avec hésitation, laissant la porte ouverte à la rectification. Dans un cas comme dans l'autre, nous pouvons faire des choix qui vont à l'encontre de l'avis de nos frères chrétiens, dont nous respectons la sagesse et le discernement. Mais ce qu'il est important de comprendre, c'est que le manque d'assurance ou l'absence d'unanimité n'invalident pas la profession chrétienne fondamentale selon laquelle il existe une volonté de Dieu pour ma vie, qu'elle peut être connue et que je dois la chercher et agir une fois que je l'ai trouvée. Les mêmes considérations s'appliquent précisément au discernement des normes créationnelles générales qui sont valables pour tous les domaines des affaires humaines. Cela implique de vivre et d'étudier attentivement la réalité immédiate, de travailler en équipe et d'échanger avec des frères et sœurs œuvrant dans le même domaine, de prier sincèrement pour avoir l'esprit clair et discerner l'orientation à prendre, de consulter constamment les Écritures et de se familiariser avec ses thèmes principaux. Et, ici aussi, une mesure de « sagesse et de compréhension spirituelles » est indispensable, car la vie humaine est, sous tous rapports, une chose hautement spirituelle. Tous les chrétiens, quels que soient leurs vocations et leurs milieux – cadres d'entreprises, fermiers, universitaires, hommes politiques, éducateurs, femmes au foyer, avocats – doivent avoir à cœur, non seulement dans leur vie personnelle, mais aussi professionnelle, l'exhortation bien connue de l'apôtre : « Ne vous conformez pas au siècle présent, mais soyez transformés par le renouvellement de l'intelligence *afin que vous discerniez quelle est la volonté de Dieu, ce qui est bon, agréable et parfait* » (Ro 12.2). Pour résumer, l'entièreté de notre expérience est constituée par la volonté et la sagesse créatrices de Dieu, et cette volonté et cette sagesse – c'est-à-dire *sa loi* – sont connaissables en principe partout, en vertu de la révélation créationnelle de Dieu.

Avant de quitter le sujet de la création et de la révélation, une dernière question requiert notre attention : Comment la parole de Dieu dans la création est-elle liée à sa parole dans les Écritures ? En insistant tellement sur la révélation générale, ne courons-nous pas le risque de minimiser la révélation spéciale ? Ce faisant, ne compromettons-nous pas le grand principe de la Réforme, *sola Scriptura* ?

Cette question est légitime. Afin de clarifier le problème, nous devrions tout d'abord noter que la révélation biblique inclut de nombreuses choses qui n'ont aucun parallèle dans la révélation créationnelle. Dans un sens fondamental, les Écritures racontent l'histoire de notre péché en Adam et de la grâce de Dieu qui pardonne en Christ. La création, en revanche, ne raconte aucune histoire et ne dit rien du tout au sujet du péché ou de la grâce. En tant que message de salut, sa révélation est inutile. À cet égard, les deux révélations ne sont pas comparables. Cependant, elles sont *comparables* en tant que manifestations de la *loi* de Dieu, comme deux manières de faire connaître sa *volonté*, particulièrement pour la vie humaine. C'est uniquement dans ce sens que la question de l'Écriture apparaît dans le présent contexte.

De nouveau, l'analogie avec « l'orientation » peut être utile. Il est très certainement vrai qu'être préoccupé par « la direction de l'Esprit » pour discerner la volonté de Dieu dans les décisions de la vie de tous les jours peut avoir comme conséquence de sous-estimer les Écritures, mais ce n'est pas du tout une conséquence du fait d'insister sur la recherche de la volonté Dieu dans nos vies quotidiennes. Une approche saine à la recherche d'une orientation mettra toujours l'accent sur la suprématie et l'indispensabilité des Écritures aussi bien que sur l'exercice du « bon sens sanctifié », mais elle ne minimisera pas pour autant l'importance de la réalité d'une volonté de Dieu connaissable et spécifique pour nos vies personnelles. En fait, les Écritures elles-mêmes, par leur enseignement pressant concernant la seigneurie de Dieu sur la *totalité* de nos vies, nous conduisent continuellement à considérer les questions d'orientation. Imaginons Jean, qui se prépare à entrer à l'université et qui doit décider entre aller à la faculté de théologie ou poursuivre des études supérieures en philosophie. Les Écritures ne lui donnent pas de réponse. Plutôt, elles lui donnent certaines lignes directrices importantes : il doit chercher la volonté de Dieu en toutes choses, il doit être un bon intendant des dons que Dieu lui donne, il doit tout faire pour la gloire de Dieu, Dieu a un plan pour sa vie et le guide depuis l'enfance, il doit soumettre ses propres souhaits et ses propres désirs à ceux de Dieu, etc. Ces lignes directrices le poussent toutefois à considérer quelle est la volonté de Dieu dans cette situation-ci, de quels dons il doit être l'intendant, qu'est-ce qui glorifie le plus Dieu dans ce cas particulier, quel plan et quelle orientation de Dieu ont été présents dans sa vie jusqu'alors, quelles préférences personnelles doivent être minimisées, et ainsi de suite. En considérant toutes ces questions une par une, il doit continuellement vérifier dans les Écritures pour s'assurer que ses repères sont bons, mais il serait stupide et irresponsable de laisser un texte, placé hors de son contexte, décider pour lui, sans considérer les universités qui existent, ses propres talents et son propre tempérament, des besoins spécifiques historiques, et ainsi de suite.

Les choses ne sont pas différentes dans le cas des Écritures et de la normativité créationnelle en général. Les Écritures nous enseignent à rechercher les normes de Dieu dans le cadre de notre expérience et servent aussi à améliorer grandement notre vision. Deux images peuvent nous aider à comprendre la relation entre la révélation de Dieu dans sa Parole et la révélation de Dieu dans son œuvre. La première est l'image de Jean Calvin, pour qui les

Écritures sont des lunettes avec lesquelles il nous est possible de lire le livre de la nature :

> Les personnes âgées ou ceux qui sont larmoyants ou ont la vue basse, si on leur présente un beau livre avec des lettres bien nettes, voient bien l'écriture, mais ne peuvent qu'à grand-peine, lire deux mots de suite, sans lunettes. Avec des lunettes, ils seront aidés et liront facilement. De même, l'Écriture, apportant à nos esprits la connaissance de Dieu qui, autrement, serait confuse et partielle, abolit l'obscurité dans laquelle nous sommes et nous montre clairement qui est le vrai Dieu (*Institution de la religion chrétienne*, 1.6.1²).

Une autre façon de dire cela, c'est que nous pouvons mieux discerner la normativité créationnelle à la lumière de l'Écriture.

La « lumière » de l'Écriture suggère aussi une autre image. L'Écriture est comme la lampe du mineur, qui illumine le monde là où nous regardons. Les mineurs qui travaillent dans une galerie de puits de mine sans lumière ne peuvent pas faire leur travail si la lampe n'est pas attachée à leur casque ; ils sont impuissants sans elle et par conséquent doivent veiller à ce qu'elle fonctionne correctement. Cependant, lorsqu'ils travaillent, leur attention est fixée sur les rochers, pas sur la lampe. La lampe sert à illuminer l'environnement dans lequel ils sont appelés à travailler et aussi à leur permettre de discerner la nature de ce qui se trouve devant eux : la terre et les rochers, le minerai ou la gangue. Les Écritures sont comme cela. « Ta parole est une lampe à mes pieds, et une lumière sur mon sentier » (Ps 119.105). Mais, quel que soit notre « sentier », nous devons néanmoins trouver notre chemin dans l'expérience spécifique de notre vie.

Ce qui rend la lumière de l'Écriture aussi utile et aussi indispensable, c'est qu'elle énonce en langage humain clair ce qu'est

---

2. Calvin, *Institution de la religion chrétienne*, Excelsis/Kérygma, 2009.

la loi de Dieu. Même sans l'Écriture, nous avons une certaine notion des critères de justice, mais Moïse et les prophètes, Jésus et les apôtres, l'ont formulé en impératifs clairs et sans ambiguïté. Toute société a une certaine idée de l'intégrité d'une famille, mais la Bible la stipule en des termes qui s'imposent et qui sont sans équivoque. Une vague idée du besoin qu'il y a d'utiliser nos ressources de manière responsable se retrouve presque partout, mais les Écritures articulent clairement le principe de l'intendance. Le commandement central de la Bible selon lequel il faut aimer notre prochain est peut-être des plus étrangers à l'homme naturel, mais même cela est compris, à un certain degré, par la race humaine apostate vivant dans la création de Dieu. Pourtant, seul le message des Écritures peut rendre claires aux enfants d'Adam la centralité et la nature radicale de ce commandement fondamental.

La révélation de Dieu dans la création n'est pas *verbale* ; son message ne nous arrive pas en langage humain. « Ce n'est pas un langage, ce ne sont pas des paroles » écrit David à propos du ciel qui raconte la gloire de Dieu (Ps 19.4). L'humanité a, dans une large mesure, perdu la capacité d'interpréter ce que dit le ciel dans son message sans mot. Les Écritures, d'un autre côté, sont exprimées dans les mots du discours humain ordinaire. Selon la terminologie traditionnelle, elles sont la *revelatio verbalis*, « révélation de la parole », par opposition à la *revelatio naturalis*, « la révélation de la nature » (c'est-à-dire de la création). Elles sont beaucoup plus claires que la révélation générale ne peut l'être, elles recèlent une « intelligibilité » que l'on ne retrouve pas dans le livre de la nature. En un sens, par conséquent, les Écritures sont comme un commentaire verbal sur le langage des signes, vaguement perçu, de la création. Ou, pour changer légèrement l'image, la révélation de la volonté de Dieu dans l'Écriture est comme l'explication verbale qu'un architecte donne à un entrepreneur incompétent qui a oublié comment lire un plan. Sans explication, l'entrepreneur est perdu, peut-être capable de déchiffrer en général ce que le plan indique – combien de pièces et d'étages le bâtiment doit avoir et autres questions de ce type –, mais concernant certains aspects plus fondamentaux de style ou de conception, il demeure dans le flou, ignorant même si le bâtiment est une maison, une usine ou une grange. Avec les explications, tout devient beaucoup plus clair, et l'entrepreneur peut s'acquitter de sa tâche avec confiance.

L'image du plan peut aussi éclaircir un autre point. Supposons que l'architecte ait enregistré l'explication. Incapable de consulter directement l'architecte sur chaque petit point, l'entrepreneur dépend à la fois de l'enregistrement et du plan pour avoir suffisamment d'informations pour construire la maison – l'enregistrement pour les informations générales et le plan pour toutes les mesures et les dimensions spécifiques, ainsi que de nombreux autres détails qui deviendraient plus clairs seulement après une étude minutieuse du plan et avec l'expérience, à mesure que la construction avance. C'est de la même manière que nous devons continuer de tenter de discerner, à travers l'étude empirique et l'expérience historique, ce que sont les normes spécifiques de Dieu pour des domaines de la vie humaine sur lesquels les Écritures ne sont pas explicites – les relations de travail, les médias de masse ou la critique littéraire, par exemple.

Dire cela ne signifie pas dégrader l'autorité de l'Écriture. Les explications enregistrées sont indispensables, notamment en tant que correctif inestimable pour ceux qui ont leur propre interprétation du plan. Dans toutes les disputes concernant l'interprétation, les propres explications de l'architecte sont clairement l'autorité finale. Ce qui est important de comprendre, c'est que les explications ne peuvent pas être pleinement comprises sans le plan auquel elles font référence, tout comme le plan est de son côté largement inintelligible sans les explications. Mais il est inconcevable que le plan soit invoqué contre les propres explications verbales de l'architecte. Ce serait de l'arrogance insupportable de la part de l'entrepreneur.

Ajoutons ici une dernière chose au sujet de la révélation de la loi de Dieu dans l'Écriture et dans la création. Nous avons noté plus haut que la loi mosaïque a été la mise en œuvre divinement accréditée de la loi créationnelle pour l'ancien Israël. Cela signifie que la loi de Moïse est fixée entre deux points de référence : la loi créationnelle et l'ancien Israël, les principes universels et durables de la création et la situation historique d'un peuple particulier (Israël), dans un lieu particulier (la Palestine), à une époque particulière (les siècles entre Moïse et le Christ). En raison de cette double référence, la venue du Christ implique aussi un « accomplissement » de la loi dans un double sens. D'un côté, la loi est accomplie en ce que l'ombre est remplacée par la substance, et que la loi juive n'est plus contraignante pour le peuple de Dieu. De l'autre côté, la loi est accomplie en ce que le Christ réaffirme sa plus profonde signification (voir Mt 5.17). En d'autres termes, dans la mesure où la loi mosaïque s'applique à une phase particulière de l'histoire du peuple de Dieu, elle a perdu sa validité, mais dans la mesure où elle indique la normativité durable de l'ordre de la création de Dieu, elle conserve sa validité. Par exemple, la législation concernant l'année du Jubilée, appliquée telle quelle à une société agraire dans le Proche-Orient antique, n'est plus contraignante pour le peuple de Dieu du Nouveau Testament, mais comme elle reflète un principe général d'administration, en tant que norme créationnelle, elle devrait continuer de fonctionner comme un guide pour le nouvel Israël. La pratique de la lettre de divorce n'a plus cours, mais elle demeure le rappel d'un principe fondamental de justice de la part même de Dieu pour nous : il doit y avoir des garanties légales pour minimiser les effets de la dureté du cœur humain. Nous pourrions dire la même chose au sujet des lois sur la dîme, de la protection des pauvres et des étrangers, et ainsi de suite. Une autre façon de dire cela, c'est que Dieu s'est occupé de la mise en œuvre pour son peuple dans l'Ancien Testament, alors que dans le Nouveau, il nous donne, dans une large mesure, la liberté en Christ d'opérer notre propre mise en œuvre. C'est la raison d'être de la lettre de Paul aux Galates. Mais dans un cas comme dans l'autre, il s'attend à ce que nous respections le plan de la loi de la création. Dans l'Ancien Testament, les explications qu'il a données incluaient des instructions détaillées concernant la mise en œuvre du plan ; cela se faisait au moyen d'un apprentissage. En Christ nous sommes des compagnons entrepreneurs – toujours liés aux explications explicites de l'architecte, mais avec une liberté de mise en œuvre considérable lorsque surviennent de nouvelles situations.

Le développement de la création

Dans notre discussion précédente au sujet du récit de la création dans Genèse 1, nous avons souligné le fait que les six jours de la création représentent véritablement la finition et l'aménagement d'une « terre » à l'origine non finie et vide. Il existe un processus de développement et d'évolution, alors que le royaume terrestre s'approprie, pas à pas, les contours du monde diversifié que nous connaissons. Le sixième jour, le processus se termine avec la création de l'homme, et le septième jour, Dieu se repose de son travail. Cependant, ce n'est pas la fin du développement de la création. Bien que Dieu se soit retiré de son travail de création, il a mis une image de lui-même sur la terre avec le mandat de continuer. La terre était complètement informe et vide ; durant les six jours du processus de développement, Dieu l'a formée et l'a remplie – mais pas complètement. Les habitants doivent maintenant poursuivre le travail de développement : en produisant du fruit, ils doivent la remplir encore plus ; en la soumettant, ils doivent la former encore plus. L'humanité, en tant que représentante de Dieu sur terre, continue là où Dieu a arrêté. Mais, désormais, il s'agit d'un développement *humain* de la terre. La race humaine remplira la terre de ses semblables, et formera la terre pour ses semblables. Dès lors, le développement de la terre créée sera *sociétal* et *culturel* par nature. En un mot, la tâche qui se présente, c'est la *civilisation*.

Il existe un parallèle à la distinction entre les six jours initiaux du développement du monde et la tâche subséquente de la civilisation humaine. Ce parallèle, c'est la distinction que nous avons établie précédemment entre la manière directe et la manière indirecte que Dieu utilise pour imposer ses lois au cosmos. Comme nous l'avons noté, la loi de Dieu est communiquée de manière immédiate à la nature, mais elle nous parvient par l'entremise d'un médiateur dans la culture et dans la société. Cette distinction revêt une nouvelle signification à ce point de la discussion. Les *lois de la nature* gouvernent la terre telle qu'elle a été développée directement par Dieu, ce que l'on appelle la *creatio secunda* ; les *normes* gouvernent la terre telle qu'elle a été développée indirectement par Dieu, à travers les habitants de la terre, ce que nous pouvons appeler la *creatio tertia*. Tout comme les huit « Qu'il y ait » de la création représentent la loi créationnelle telle qu'elle s'applique aux animaux, aux végétaux et aux minéraux, le « mandat culturel », décliné en quatre parties, représente la loi créationnelle telle qu'elle s'applique à la société et à la culture.

Ce mandat, plus correctement appelé « mandat créationnel », est d'une importance si fondamentale pour l'ensemble de l'histoire scripturaire de la révélation, et par conséquent pour une vision du monde biblique, que nous ferions bien de regarder sa formulation de plus près :

> Soyez féconds, multipliez, remplissez la terre, et assujettissez-la ; et dominez sur les poissons de la mer, sur les oiseaux du ciel, et sur tout animal qui se meut sur la terre (Ge 1.28).

Il convient d'observer que le mot *terre* se présente dans le double sens que nous avons noté plus haut. Soumettre la terre (au sens large) implique la domination sur les populations de la mer, de l'air et de la terre (au sens restreint). La terre que les habitants doivent soumettre consiste en tout ce royaume terrestre qui a besoin d'être formé et rempli. Elle a été formée par la division entre la mer, l'air et la terre, et ces divisions ont été remplies respectivement de poissons, d'oiseaux et d'animaux terrestres. La Bible parle souvent du cosmos de cette façon : « Car en six jours l'Éternel a fait les cieux, la terre et la mer, et tout ce qui y est contenu » (Ex 20.11 ; voir Ps 24.2 et Ac 14.15). Le point important est que seuls les hommes sont appelés à remplir et à former la terre entière ; c'est seulement au sujet des hommes qu'il peut être dit : « Tu lui as donné la domination sur les œuvres de tes mains, tu as tout mis sous ses pieds » (Ps 8.7).

Le mandat créationnel mène les six jours de la création à une sorte de point culminant. La scène avec toute sa riche variété d'accessoires a été montée par le régisseur, les acteurs sont présentés et, alors que le rideau se lève et que le régisseur se retire en coulisse, on leur donne le signal d'ouverture. La pièce de l'histoire humaine est sur le point de commencer, et la première parole, fondamentale, de Dieu à ses enfants, est le commandement de « remplir et de soumettre ».

La pièce elle-même débute dans Genèse 2, qui s'ouvre avec les mots : « Voici la généalogie du ciel et de la terre, quand ils furent créés » (Ge 2.4 ; *NBS*). Il s'agit de la première des dix sections, dans Genèse, introduites par l'expression « Voici la généalogie de… », où le terme « généalogie » (*tōlĕdōt* en hébreu, littéralement « engendrement » ou « lignage ») semble signifier quelque chose comme « développements historiques découlant de[3]… ». L'Histoire constitue le déploiement et la découverte des possibilités cachées dans la matrice de la création, naturelle et humaine, à travers les générations. Le mal dénommé « second récit de la création » dans Genèse 2, où Adam est tout d'abord « engendré » de la terre et par la suite Ève d'Adam, et où l'homme est placé dans le jardin pour « le cultiver et le garder » (Ge 2.15), est prototypique de cette histoire. Il s'agit des débuts paradigmatiques de l'homme qui remplit et qui soumet la terre. Adam et Ève, en tant que premier couple marié, représentent les débuts de la vie sociétale ; leur tâche de s'occuper du jardin, la première tâche de l'agriculture, représente les débuts de la vie culturelle. Le mandat de développer la création est accompli dans l'Histoire.

Tout cela influence de la manière la plus directe et immédiate une vision chrétienne du monde, ainsi que la conception de la création qu'elle implique. La création n'est pas quelque chose qui, une fois terminée, demeure une quantité statique. Il y a, pour ainsi dire, une croissance (bien que non dans un sens biologique), un déploiement de la création. Cela se déroule par le biais de la tâche qui a été confiée aux habitants de faire fructifier les possibilités de développement, implicites dans l'œuvre des mains de Dieu. La réalité donnée de l'ordre créé est telle qu'il est *possible* d'avoir des écoles et l'industrie, l'impression et les fusées, la broderie et

---

3. Les autres traductions de la Bible proposent un mot différent entre 2.4 et les neuf autres passages (par exemple, « origines » pour 2.4 et « postérité » pour les autres dans la *NEG*). La *Nouvelle Bible Segond* conserve le même terme pour les dix occurrences.

les échecs. La loi créationnelle demande à être positivée par des moyens nouveaux et extraordinaires. L'entière et vaste étendue de la civilisation humaine n'est ni le spectacle des aberrations arbitraires d'un phénomène de l'évolution, ni le panorama inspirant des achèvements créatifs du moi autonome ; elle est plutôt une exposition de la merveilleuse sagesse de Dieu dans la création et du sens profond de notre tâche dans le monde. Nous sommes appelés à participer à l'œuvre créationnelle de Dieu qui est en cours, à être les aides de Dieu pour exécuter jusqu'à la fin le plan de son chef-d'œuvre.

Par conséquent, pour trouver le sens de l'Histoire, il faut tout d'abord comprendre que l'être humain gère l'œuvre de Dieu. Dans la création, il y a des étapes de développement qui correspondent aux étapes de la civilisation humaine. Ce qui est impliqué ici, c'est l'épanouissement de la création par le biais du processus historique. Si nous ne voyons pas cela, si nous percevons la différenciation historique, qui a conduit à des institutions comme l'école et l'entreprise et à des développements comme l'urbanisation et les médias de masse, comme étant fondamentalement extérieure à l'emprise de la réalité créationnelle et de sa gestion responsable par la race humaine, nous serons tentés de voir ces questions, et d'autres similaires, comme fondamentalement étrangères aux desseins de Dieu dans le monde et nous tendrons à les étiqueter comme intrinsèquement « séculières », que ce soit dans un sens religieux neutre ou dans un sens totalement négatif. Notre approche de l'histoire sera fondamentalement réactionnaire, bien que nous puissions faire la paix, bon gré mal gré, avec l'étape actuelle du développement historique de l'Occident post-industriel.

Toutefois, si nous voyons que l'histoire humaine et le déploiement de la culture et de la société sont constitutifs de la création et de son développement, qu'ils ne sont pas en-dehors des plans de Dieu pour le cosmos, malgré les aberrations pécheresses, mais plutôt qu'ils ont été intégrés dès le commencement, qu'ils faisaient partie du plan que nous n'avions jamais compris auparavant, nous serons alors beaucoup plus ouverts aux possibilités positives de servir Dieu dans des domaines comme la politique et le cinéma, l'informatique et l'administration des affaires, l'économie du développement et le parachutisme. Cela n'implique pas une acceptation naïve et idéaliste du scientisme moderne, de la technocratie et du capitalisme – après tout, la civilisation occidentale est, disons-le, en proie à un désastreux processus de sécularisation –, mais cela inclut un refus résolu d'abandonner notre civilisation à ce processus, ou de concéder l'argument selon lequel la main créatrice de Dieu est absente du processus de construction de la culture de l'homme faustien. Si Dieu n'abandonne pas les œuvres de ses mains, nous ne le pouvons pas non plus.

Une discussion sur la création selon Genèse 1 et 2 (le développement de la terre) peut facilement donner l'impression d'un optimisme culturel, puisque nous n'avons pas encore parlé de Genèse 3 (la chute et la malédiction, aussi bien que la promesse). Il y a toujours quelque chose d'abstrait et d'irréel dans le fait de parler de la création en dehors du péché et de la rédemption. Il peut être utile, par conséquent, d'illustrer la question du développement de la création par une analogie qui anticipe la question que nous considérerons dans les deux prochains chapitres.

La création terrestre précédant les événements relatés dans Genèse 3 ressemble à un nouveau-né en bonne santé. Sous tous rapports, on peut dire qu'il est « très bon », mais cela ne signifie pas que des changements ne sont pas nécessaires. Il y a quelque chose qui va très mal si le bébé demeure dans sa petite enfance : il doit grandir, se développer et mûrir afin d'arriver dans le monde adulte. Supposez maintenant que, alors que l'enfant est encore un bébé, il contracte une maladie chronique grave pour laquelle il n'y a pas de traitement connu, et qu'il devient invalide, la maladie hypothéquant son corps. Il est clair qu'il y a deux processus clairement distincts qui se produisent dans son corps alors qu'il approche de l'adolescence : l'un est les processus de maturation et de croissance, qui continue malgré la maladie et qui est naturel, normal et bon ; l'autre est le progrès de la maladie, qui fausse et altère le sain fonctionnement de son corps. Supposez maintenant que l'enfant a atteint l'adolescence alors qu'un traitement pour la maladie est découvert, et qu'il commence doucement à recouvrer la santé. Alors que l'enfant approche de l'âge adulte, il y a désormais un troisième processus en cours dans son corps : le processus de guérison, qui contrecarre et annule l'action de la maladie et qui n'a d'autre objectif que d'amener le jeune vers un état d'adulte en santé, dans lequel seuls les processus normaux d'un corps sain existeront. Après toutes ces années, l'enfant sera déclaré de nouveau en santé.

Il y a des faiblesses dans toute analogie, et celle qui ressort le plus dans celle-ci, c'est que le processus de déploiement de la création dans l'histoire n'est pas comme un processus de croissance biologique, mais plutôt comme un processus de développement responsable. Néanmoins, elle est utile pour établir une remarque importante : les ravages du péché n'annihilent pas le développement créationnel normatif de la civilisation, mais sont plutôt des parasites pour ce dernier. La maturation et la détérioration peuvent être en réalité tellement entremêlées que seule une sensibilité, dirigée par l'Écriture, à la norme créationnelle (une certaine idée de ce qu'est un corps sain) peut espérer discerner la différence. Cependant, il existe une distinction absolument fondamentale, et on ne la néglige qu'au risque de tomber, soit dans le pessimisme culturel (qui ne voit que les effets débilitants du péché), soit dans l'optimisme culturel (qui ne voit que le développement normatif des possibilités créationnelles).

Dans le paradis, Adam et Ève n'avaient pas encore atteint le niveau de développement que Dieu avait prévu pour eux. Les théologiens ont, en général, accepté cette idée (comme on pouvait s'y attendre, ils ont postulé une progression de l'état d'Adam à un état de gloire dans le plan de Dieu pour le développement humain), et pourtant, ils oublient les implications plus larges de cela pour la création et l'Histoire.

La même chose peut être dite pour l'eschatologie en général. À la base de tout ce que nous avons dit se situe la conviction, basée sur le témoignage de la Bible, que le Seigneur n'abandonne pas l'œuvre de ses mains. En toute fidélité, il maintient l'ordre de la création. Même la grande crise qui arrivera dans le monde lors du retour du Christ n'annihilera pas la création de Dieu ou son développement culturel, qui est notre œuvre. Les nouveaux cieux et la nouvelle terre que le Seigneur a promis seront une suite, purifiée par le feu, de la création que nous connaissons actuellement. Il n'y a aucune raison de croire que les dimensions culturelles de la réalité terrestre (sauf dans la mesure où elles sont impliquées dans le péché) seront absentes de la nouvelle terre glorifiée qu'il a promise. En fait, les indications bibliques pointent dans la direction opposée. En décrivant la nouvelle terre comme la nouvelle Jérusalem, Jean écrit que : « les rois de la terre y apporteront leur gloire. [...] On y apportera la gloire et l'honneur des nations. » (Ap 21.24,26). Cela fait très probablement référence aux trésors culturels de l'humanité, qui seront purifiés en passant par le feu du jugement, comme l'or dans un creuset.

2 Pierre 3.10 est un passage que l'on présente parfois contre cette vision, mais en fait, ce passage tend à la soutenir. Dans la version *NEG79* on lit : « Le jour du Seigneur viendra comme un voleur ;

en ce jour, les cieux passeront avec fracas, les éléments embrasés se dissoudront, et la terre avec les œuvres qu'elle renferme sera consumée. » Cependant, tous les manuscrits grecs les plus anciens et les plus fiables, sauf un, ne contiennent pas les derniers mots « sera consumée », mais plutôt proposent « sera trouvée », ce qui fait une grande différence. (Ceci est le texte grec accepté par les traductions les plus récentes, comme la Nouvelle Bible Segond [NBS], qui dit, de manière quelque peu obscure, « sera mise à découvert. ») Le texte enseigne par conséquent que, malgré la disparition des cieux et la dissolution des éléments, « la terre avec les œuvres qu'elle renferme » survivra. Et, en ce qui concerne la disparition et la dissolution, cela ne fait certainement pas référence à l'annihilation ou la destruction complète. Quelques versets avant, Pierre avait écrit que le monde « périt », dans des temps anciens (v. 6), faisant référence à la destruction catastrophique causée par le Déluge, et il trace un parallèle entre ce jugement et celui à venir. Le jour du Seigneur apportera les feux du jugement et une convulsion cataclysmique de toute création, mais ce qui émergera du creuset sera « de nouveaux cieux et une nouvelle terre, où la justice habitera » (v. 13), et c'est possiblement là que « la terre, avec ses œuvres, sera mise à découvert » (*NBS*), désormais purifiée de la saleté et de la perversion du péché.

À la lumière de ce que nous disons au sujet de la création terrestre et de la tâche de l'homme consistant à la soumettre et à la développer, ces œuvres purifiées sur la terre doivent sûrement inclure les produits de la culture humaine. Il n'y a aucune raison de douter qu'ils seront transfigurés et transformés par leur libération de la malédiction, mais ils se situeront, par essence, en continuité avec notre expérience actuelle – tout comme nos corps ressuscités, bien que glorifiés, seront toujours des corps. Il se peut, comme l'a suggéré Herman Bavinck, que la vie humaine sur la nouvelle terre, comparée à la vie humaine actuelle, soit comme le papillon coloré qui se développe à partir de la chrysalide : spectaculairement différent, mais la même créature. Le symbole le plus approprié du développement de la création, du passé originel au futur eschatologique, est peut-être le fait que la Bible commence avec un jardin et se termine avec une ville – une ville remplie de « la gloire et l'honneur des nations ».

La création est bonne

Avant de passer au thème du péché humain et de la dévastation qu'il opère, nous devons mettre l'accent sur un point fondamental, que nous avons abordé dans notre discussion au sujet de la création jusqu'à présent : l'enseignement biblique crucial selon lequel la création, avant et en dehors du péché, est complètement et sans ambiguïté *bonne*.

À sept reprises dans le récit de la création de Genèse 1, Dieu déclare que ses œuvres de création sont bonnes, le point culminant étant le dernier verset avec ces mots : « Dieu vit tout ce qu'il avait fait et voici, cela était très bon. » Dieu ne fait pas de la camelote, et nous déshonorons le Créateur si nous avons une mauvaise opinion de l'œuvre de ses mains, alors que lui-même en a une opinion si positive. En fait, il a eu une opinion tellement positive de ce qu'il a créé qu'il a refusé de détruire sa création lorsque l'humanité l'a gâchée, et il a plutôt déterminé, au prix de la vie de son Fils, à la renouveler et à la rendre de nouveau bonne. Dieu ne fait pas de la camelote, et il ne jette pas ce qu'il a fait.

Dans l'Église primitive a existé une hérésie appelée le gnosticisme, qui niait le caractère bon de la création, de manière fondamentale. Elle soutenait que le Créateur de Genèse 1 était une déité malfaisante subordonnée qui s'était rebellée contre le Dieu bon et suprême, et que le monde qu'elle avait fait était un endroit mauvais, une prison de laquelle les gens devaient être sauvés. Les gnostiques considéraient que le salut consistait à échapper à ce monde mauvais, dans le retrait et le détachement, afin d'atteindre une sorte d'union mystique avec le Dieu suprême. Le gnosticisme a constitué une menace importante pour l'Église primitive et a été violemment attaqué par les Pères de l'Église, comme Irénée. Déjà du temps des apôtres, le danger d'une telle hérésie était apparent. C'est ce que Paul semble avoir à l'esprit lorsqu'il écrit à Timothée au sujet d'un message spécial de l'Esprit, concernant un enseignement démoniaque qui apparaîtrait « dans les derniers temps », interdisant le mariage et la consommation de certains types d'aliments. Un tel message, avertit Paul, déprécie les bons dons de Dieu, « que Dieu a créés pour qu'ils soient pris avec actions de grâces par ceux qui sont fidèles et qui ont connu la vérité » (v. 3). Il ajoute ensuite le manifeste vibrant suivant : « Car tout ce que Dieu a créé est bon, et rien ne doit être rejeté, pourvu qu'on le prenne avec actions de grâces, parce que tout est sanctifié par la parole de Dieu et par la prière » (1 Ti 4.4,5). Si Timothée expose cela aux croyants, dit Paul, il sera « un bon ministre de Jésus-Christ » (v. 6). Contre le dénigrement gnostique de la création de Dieu (ou de certaines parties), il doit proclamer que toute la création est bonne.

Les implications de cette profession fondamentale sont considérables, particulièrement si nous reconnaissons que la création inclut tout ce qui est forgé par la sagesse de Dieu (y compris des institutions comme le mariage). Elle constitue l'antidote biblique à toutes les visions du monde, à toutes les religions et à toutes les philosophies qui isolent une ou plusieurs caractéristiques de l'ordre créé et leur attribuent la responsabilité du malheur humain, que ce soit le corps, la temporalité, la finitude, l'émotivité, l'autorité, la rationalité, l'individualité, la technologie, la culture, ou tout ce que vous voulez. Toutes ces choses ont été des boucs émissaires qui ont détourné l'attention de la racine véritable du mal, la mutinerie religieuse humaine contre le Créateur et ses lois pour le monde – une mutinerie qui, de la manière la plus certaine, ne fait *pas* partie de la création de Dieu et de son caractère bon. La tendance à blâmer, pour la misère de leur condition, certains aspects de la création (et par implication le Créateur) plutôt que leur propre rébellion, est profondément enracinée chez les enfants d'Adam.

Le caractère bon de la création met aussi en relief une autre idée que nous avons admise tout au long de notre discussion – à savoir que la sujétion à la loi n'est pas une restriction imposée aux créatures de Dieu, particulièrement aux hommes et aux femmes, mais plutôt qu'elle rend possible leur fonctionnement libre et sain. Si la création est fondamentalement constituée par la loi, si elle est dans les faits définie par la corrélation loi-sujet, alors la loi ne peut pas être une catégorie essentiellement négative. Pour la religion de la Renaissance humaniste qui a façonné le sécularisme de l'Occident, il s'agit d'un blasphème. L'humanisme définit les êtres humains suivant le concept de liberté et définit la liberté comme l'autonomie, c'est-à-dire n'obéir à aucune loi, sauf aux nôtres. La religion biblique affirme que c'est tout le contraire qui est vrai : les gens sont définis par leur service, et le service est défini par l'hétéronomie, c'est-à-dire l'obéissance à la loi du Créateur. L'humanisme considère que la loi est en *contradiction* avec la liberté ; la Bible considère que la loi est la *condition* de la liberté.

Ici, la « loi » signifie, en premier lieu, la loi créationnelle, l'ordre de la sagesse de Dieu dans le monde entier. Mais elle inclut aussi le « droit positif » — la manière par laquelle les normes créationnelles sont positivées de manières spécifiques dans l'État et dans l'Église, dans la famille et dans le mariage, dans l'art et dans l'industrie. La loi, dans les deux sens du terme, est la condition pour la liberté et la santé, bien que le droit positif, en tant qu'œuvre humaine, soit souvent pécheur et répressif. L'abus du droit positif (essentiellement l'abus d'autorité) ne nie cependant pas le caractère bon du droit positif lui-même (ni celui de l'autorité).

L'illustration la plus frappante du caractère bon du droit positif peut être trouvée dans la loi mosaïque. Comme nous l'avons indiqué plus tôt, il s'agit de la propre expression par Dieu des normes créationnelles pour l'ancien Israël. Les livres de l'Ancien Testament ne se fatiguent jamais de louer son caractère bon et de mettre l'accent sur le fait que la sécurité et la paix (*shalom*) ne peuvent être trouvées que par un retour à la Torah. Dans ce sens, le psaume le plus long, le psaume 119, constitue un long hymne à la gloire de la loi de Dieu.

3

LA CHUTE

Nous avons conclu notre discussion précédente au sujet de la vision du monde en soulignant le caractère central de la création, de la chute et de la rédemption, lorsqu'on parle d'une vision du monde réformatrice. Ayant discuté brièvement de l'étendue et de certaines des caractéristiques essentielles de l'idée de création, nous pouvons maintenant aborder la chute de l'homme dans le péché ainsi que ses conséquences pour la création, la demeure que Dieu a faite à l'origine pour être très bonne.

L'étendue de la chute

Tout d'abord, nous devons souligner le fait que la Bible enseigne clairement que la chute d'Adam et Ève dans le péché n'a pas été qu'un acte de désobéissance isolé, mais un événement revêtant une signification catastrophique pour la création dans son ensemble. Ce n'est pas uniquement toute la race humaine, mais aussi tout le monde non humain, qui a été happé à la suite de l'échec d'Adam, qui n'a pas écouté le commandement et l'avertissement explicites de Dieu. Les effets du péché touchent toute la création ; aucune chose créée n'est en principe indemne des effets corrosifs de la chute. Que nous regardions les structures sociétales telles que l'État ou la famille, ou les entreprises culturelles telles que l'art ou la technologie, ou les fonctions corporelles telles que la sexualité et l'alimentation, ou quoi que ce soit à l'intérieur de la vaste étendue de la création, nous découvrons que l'œuvre bonne des mains de Dieu a été attirée dans la sphère de la mutinerie humaine contre Dieu. Dans un passage profond de l'épître aux Romains, Paul écrit : « Jusqu'à ce jour, la création tout entière soupire et souffre les douleurs de l'enfantement » (Ro 8.22).

Il faudrait maintenant noter que nous utilisons ici le mot création (suivant l'utilisation de Paul dans la citation) pour faire référence spécifiquement à la création *terrestre*, non à la création *céleste*. L'Écriture fait référence à une mutinerie dans les cieux parmi les anges, mais elle ne dit pas que le résultat a été que les cieux ont été infectés et réduits en esclavage. L'esclavage caractérise cependant le royaume *terrestre* des territoires de Dieu, la sphère ordinaire de la vie humaine et de l'expérience. C'est la création, dans ce sens terrestre, qui a été corrompue par le péché, d'un bout à l'autre.

Il n'est pas difficile de trouver des exemples des effets généralisés de la chute dans notre monde. La société est remplie de tels exemples. L'institution créationnelle du mariage est particulièrement attaquée dans l'Occident contemporain – le divorce et la monogamie en série sont des exemples de la perversion et de la violation du bon dessein de Dieu pour la vie qu'il a créée. La famille est sévèrement plombée par les forces perturbatrices d'une société matérialiste dans laquelle les parents négligent souvent les intérêts de leurs enfants au nom de leurs carrières. L'État, en tant qu'ordonnance de Dieu, est déformé et dénaturé, comme en témoignent toutes les sortes de totalitarismes et de tyrannies qui existent dans le monde actuel. La distorsion est aussi évidente dans les systèmes politiques qui encouragent la mise en place de politiques gouvernementales qui ne répondent qu'aux pressions de groupes d'intérêts particuliers, plutôt que de répondre à la demande de justice véritable pour tous. Nous voyons l'exploitation des structures créationnelles dans la guerre industrielle si répandue dans de nombreux pays occidentaux, et de la même manière, dans le gaspillage des ressources naturelles. Le mépris pour les conséquences sociales ainsi qu'une avidité éhontée corrompent la constitution créationnelle bonne des syndicats tout comme des corporations, qui devraient être gouvernés par des considérations de bons intendants.

Notre vie culturelle fournit aussi de nombreux exemples de la perversion de la bonne création de Dieu. Pensez au kitsch dans les arts, ou au mauvais goût en général dans la peinture, la musique et la poésie. Considérons, dans le domaine académique, le phénomène généralisé du scientisme, du bâclage méthodologique et du raisonnement fallacieux. Observez comment l'efficacité est devenue le principal souci dans le monde de la technologie et notez l'attachement exagéré à la technique dans les affaires humaines. Partout où nous nous tournons, les bonnes possibilités de la création de Dieu sont employées de façon impropre, tordues et exploitées à des fins pécheresses.

La distorsion est peut-être plus évidente dans nos vies personnelles, où les effets de la chute sont plus facilement reconnus par les chrétiens. Le meurtre, l'adultère, le vol, le blasphème et de nombreux autres vices constituent des atteintes évidentes et généralisées au dessein créationnel de Dieu pour la vie humaine. Des violations comme les perturbations émotionnelles ou les maladies mentales sont peut-être moins évidentes, mais elles aussi constituent des distorsions des fonctions humaines créées et participent au soupir de la création. La Bible lie même la maladie corporelle, dont les causes se situent si souvent hors de la sphère de notre responsabilité personnelle, à la cause principale du péché humain (voir par exemple 1 Co 11.30).

Tout le monde sent intuitivement que dans tous les domaines mentionnés plus haut, nous devons distinguer ce qui est « normal » de ce qui est « anormal ». Bien qu'il soit difficile de formuler des critères pour définir la normalité, nous sommes forcés d'utiliser des mots qui distinguent les déviations de ce que nous considérons comme normal, que ce soit des mots ordinaires tels qu'*anormal*, *malade* ou *malsain*, ou des termes plus scientifiques tels que *dysfonctionnel*, *inadapté* ou *pathologique*. La Bible aussi reconnaît cette réalité, utilisant des termes forts tels que *corruption*, *vanité* et *esclavage*. Ce langage se rattache à un enseignement scripturaire central – à savoir que, partout où il existe quelque chose de mauvais dans le monde, et lorsque nous vivons ce qui est anti-normatif, mauvais, déformé ou malade, c'est là que nous rencontrons la perversion de la bonne création de Dieu.

L'une des caractéristiques uniques et distinctives de l'enseignement de la Bible sur la situation humaine est que tout le mal et la perversité dans le monde sont en fin de compte le résultat de la chute de l'humanité, ou de son refus de vivre selon les bonnes ordonnances de la création de Dieu. La désobéissance et la culpabilité humaines se situent, en dernière analyse, à la racine de tous les maux de la terre. Que la chute soit à la racine du mal, cela est évident pour le mal spécifiquement humain, tel qu'il se manifeste, par exemple, dans les distorsions personnelles, culturelles ou sociétales. Puisque tous ont chuté en Adam, le mal dans la vie humaine en général trouve son origine dans l'hostilité envers Dieu.

Mais les effets du péché s'étendent au-delà de l'arène des affaires spécifiquement humaines et touchent aussi le monde non humain. Deux passages bibliques en particulier rendent l'étendue plus large du péché facilement reconnaissable. Le premier est dans Genèse 3.17, où, immédiatement après la chute, Dieu dit à Adam : « le sol sera maudit à cause de toi ». Le sol même est affecté par le péché d'Adam, rendant l'agriculture plus difficile. L'épître aux Romains nous fournit un passage plus long, auquel nous avons déjà fait allusion. Le passage entier dit ce qui suit :

> Aussi la création attend-elle avec un ardent désir la révélation des fils de Dieu. Car la création a été soumise à la vanité – non de son gré, mais à cause de celui qui l'y a soumise, – avec l'espoir qu'elle aussi sera affranchie de la servitude de la corruption, pour avoir part à la liberté de la gloire des enfants de Dieu. Or, nous savons que, jusqu'à ce jour, la création tout entière soupire et souffre les douleurs de l'enfantement (Ro 8.19-22).

Paul déclare que toute la création, pas uniquement le monde humain, est assujettie à la frustration (c'est-à-dire à la « vanité », à la « futilité » ou à « l'inutilité ») à cause de celui qui l'y a soumise (c'est-à-dire Adam, par sa désobéissance). Cette vanité semble être la même que « l'esclavage de la corruption » dont la création sera libérée. Nous apprenons ainsi de Paul que la création, dans son entièreté, est prise au piège dans les affres de l'anti-normativité et de la distorsion, même si elle doit un jour être libérée.

Toute la création participe au drame de la chute de l'homme et de la libération ultime en Christ. Bien que les implications ne soient pas faciles à comprendre, ce principe constitue un enseignement scripturaire clair. Nous développerons de nouveau cela lorsque nous parlerons du royaume de Dieu en tant que restauration de la création. En fin de compte, semble-t-il, toutes les sortes de maux – que ce soit la maladie, la mort, l'immoralité ou l'inadaptation – sont liées, dans les Écritures, à la culpabilité humaine.

Le lien entre le péché et la création

S'il est vrai que le péché d'Adam a entraîné à sa suite la corruption, du moins en principe, de la création entière, il devient alors très important de comprendre le rapport qui existe entre cette corruption et la création originellement bonne. Ce point est crucial pour une vision chrétienne du monde. L'enjeu à comprendre est que, bibliquement parlant, le péché n'abolit pas la création et n'est pas identifié à celle-ci. La création et le péché demeurent distincts, quel que soit leur degré d'imbrication dans notre expérience. La prostitution n'élimine pas le caractère bon de la sexualité humaine ; la tyrannie politique ne peut pas balayer le fait que l'État a été ordonné par Dieu ; l'anarchie et le subjectivisme de la plus grande partie de l'art moderne ne peuvent pas effacer la légitimité créationnelle de l'art lui-même. En bref, le mal n'a pas le pouvoir d'annihiler la fidélité inébranlable de Dieu envers l'œuvre de ses mains.

Le péché introduit une dimension entièrement nouvelle dans l'ordre créé. Le péché ne trouve en aucune façon sa place au milieu des œuvres bonnes de Dieu. Plutôt, le péché établit en quelque sorte un axe sans précédent, le long duquel il est possible de tracer des degrés variables de bien et de mal. Bien que fondamentalement distinct de la bonne création, cet axe s'attache lui-même à la création comme un parasite. La haine, par exemple, n'a pas sa place au milieu de la bonne création de Dieu. Elle est inimaginable dans le contexte du plan de Dieu pour la Terre. Néanmoins, la haine ne peut exister sans le substrat créationnel de l'émotion humaine et de la saine affirmation de soi. La haine participe simultanément au caractère bon de la création (la constitution psychique de l'homme comme partie de son humanité entière) et à la distorsion démoniaque de cette bonne création en quelque chose d'horrible et de mal. En somme, bien que le mal n'existe qu'en tant que distorsion du bien, il n'est jamais réductible au bien.

Nous pouvons préciser ce point en parlant ici de deux « ordres » qui sont irréductibles l'un à l'autre. Selon les mots de Jean Calvin, nous devons distinguer « l'ordre de la création » de « l'ordre du péché et de la rédemption », qui ont les mêmes liens entre eux que la santé et le couple maladie-guérison. Ces deux ordres ne sont, en aucune manière, en harmonie l'un avec l'autre. Sur tous les points, pour ainsi dire, ils se situent à 90 degrés l'un de l'autre, comme la longueur et la largeur d'une figure plane. La perversion de la création ne doit jamais être comprise comme une subdivision à l'intérieur de l'ordre de la création, et la création ne doit pas non plus être expliquée comme une fonction de la perversion et de la rédemption. En tant qu'ordres fondamentaux de toute réalité, ils coexistent – l'un original, l'autre accidentel ; l'un représentant la bonté, l'autre impliquant la difformité.

Ou alors, pour mieux clarifier l'idée, nous pouvons dire que le péché et le mal ont toujours le caractère d'une caricature – c'est-à-dire d'une image déformée qui comporte néanmoins certaines caractéristiques reconnaissables. Un être humain d'après la chute, bien qu'étant une parodie d'humanité, est toujours un être humain, non un animal. Une école humaniste est toujours une école. Une relation brisée est toujours une relation. Une pensée confuse est toujours une pensée. Dans chaque cas, le quelque chose qui, dans la création déchue, « est toujours », désigne le caractère durablement bon de la création – c'est-à-dire la fidélité de Dieu dans le maintien de l'ordre créé, malgré les ravages du péché. La création ne sera pas supprimée dans un sens définitif.

Dans le présent contexte, nous devons souligner de nouveau le fait que ces deux ordres ne sont, en aucune manière, égaux l'un à l'autre. Le péché, une invasion extérieure de la création, est complètement étranger aux desseins de Dieu pour ses créatures. Il ne devait pas en être ainsi ; il n'en fait simplement pas partie. Toute théorie qui, d'une manière ou d'une autre, sanctionne l'existence du mal dans la bonne création de Dieu ne rend pas justice au caractère fondamentalement outrageux et blasphématoire du péché. D'une manière subtile et sophistiquée, cela rejette la responsabilité du péché sur le Créateur, plutôt que sur nous-mêmes en Adam.

La structure et la direction

Il sera peut-être plus utile de renforcer cette idée en présentant de nouveau deux termes techniques brièvement mentionnés plus haut, des termes qui joueront un rôle clé dans le reste de notre discussion : *structure* et *direction*. Dans le contexte des deux « ordres », dont nous avons parlé, nous pouvons dire que la structure fait référence à l'ordre de la création, à la constitution créationnelle constante de toute chose, qui fait d'elle la chose ou l'entité qu'elle est. La structure est ancrée dans la loi de la création, le décret créationnel de Dieu qui constitue la nature de différents types de créatures. Elle désigne une réalité à laquelle la tradition philosophique occidentale a souvent fait référence avec des mots comme *substance*, *essence* et *nature*.

La direction, a contrario, désigne l'ordre du péché et de la rédemption, la distorsion ou la perversion de la création par le biais, d'une part, de la chute, et d'autre part, de la rédemption et de la restauration de la création en Christ. Dans la création, tout peut être soit dirigé vers Dieu, soit détourné de Dieu – c'est-à-dire dirigé en conformité à sa loi ou non. Cette double direction ne s'applique pas uniquement aux êtres humains sur le plan individuel, mais aussi à des phénomènes culturels tels que la technologie, l'art et les études, à des institutions sociétales telles que les syndicats, les écoles et les entreprises, et à des fonctions humaines telles que les émotions, la sexualité et la rationalité. Dans la mesure où ces réalités ne parviennent pas à vivre selon le dessein créationnel de Dieu pour elles, elles sont mal dirigées, anormales et déformées. Dans la mesure où elles se conforment encore au dessein de Dieu, elles sont dépendantes d'une force compensatrice qui réfrène ou qui contrecarre la distorsion. Par conséquent, la direction implique toujours deux tendances qui avancent soit pour, soit contre Dieu.

Dans le chapitre suivant, nous verrons comment la rédemption en Jésus-Christ est l'antidote ultime et déterminant contre la distorsion de la création, et comment elle renouvelle la possibilité d'une obéissance véritable. Cependant, les effets dévastateurs du péché dans la création sont en même temps restreints et contrebalancés en dehors de la rédemption. Dieu ne permet pas à la désobéissance des hommes de faire de la création un chaos absolu. À la place, il *maintient* sa création malgré toutes les forces destructrices. La création ressemble à une laisse qui garde un chien vicieux sous contrôle. Sans la laisse, le chien (l'humanité déchue) deviendrait complètement sauvage, causant des maux incalculables et s'attirant probablement sa propre destruction. Dans cette image, la rédemption est le pouvoir mystérieux par lequel le maître du chien persuade son animal de devenir amical et coopératif, si bien que le chien ne tire plus sur la laisse, mais se laisse guider par elle. C'est à cause de la laisse que l'homme déchu est toujours un homme, que les affaires malhonnêtes sont toujours des affaires, que la culture athée est toujours la culture et que les idées humanistes sont toujours des idées authentiques. La *structure* de tous les faits créationnels persiste malgré la perversion de leur direction. Cette structure, ancrée dans la fidélité de Dieu, pose une limite à la corruption et à l'esclavage, qui sont provoqués par le mal.

La tradition théologique propose une autre façon de comprendre les limites imposées à la création. Certains théologiens ont donné le nom de « grâce commune » de Dieu aux restrictions imposées au péché et à ses effets. Par la bonté de Dieu envers tous les hommes et toutes les femmes, croyants et non-croyants, la fidélité de Dieu envers la création porte toujours des fruits dans les vies personnelles, sociétales et culturelles de l'humanité. Une distinction s'opère ainsi entre la « grâce commune » et la « grâce particulière » de Dieu envers son peuple, par laquelle le péché n'est pas uniquement maîtrisé, mais aussi pardonné et expié, rendant possible, de l'intérieur, un renouvellement vrai et authentique. On pourrait peut-être améliorer ces termes (certains ont suggéré que le terme « grâce préservatrice » est préférable à « grâce commune », puisque la grâce de Dieu offerte en Christ est aussi « commune » en ce qu'elle est offerte à tous les êtres humains), mais ils sont utiles en ce qu'ils reflètent la reconnaissance du fait que Dieu n'abandonne jamais ses créatures, et ce, malgré l'apostasie, l'incrédulité et la perversion. Dans notre terminologie, la structure n'est jamais entièrement effacée par la direction, ou plutôt, la mauvaise direction.

De nouveau, nous devons souligner le fait que, quel que soit le degré d'indissociabilité de la structure et de la direction dans notre expérience réelle, une stricte distinction entre celles-ci est de la plus grande importance pour une vision biblique du monde. Le grand danger est toujours d'isoler un aspect ou un phénomène particulier de la bonne création de Dieu et de le voir comme le vilain dans la pièce de la vie humaine, au lieu de voir l'intrusion étrangère de l'apostasie humaine. Une telle erreur équivaut à réduire la direction à la structure, à concevoir la dichotomie bien-mal comme intrinsèque à la création elle-même. Le résultat est que, dans la bonne création, quelque chose est déclaré mauvais. Nous pourrions appeler cette tendance le « gnosticisme », comme nous en avons discuté dans le chapitre précédent. Au cours de l'Histoire, ce « quelque chose » a été identifié à différentes réalités comme le mariage ou certains types de nourriture (l'hérésie gnostique contre laquelle Paul met Timothée en garde dans 1 Ti 4), le corps et ses passions (Platon et la plus grande partie de la philosophie grecque), la culture par opposition à la nature (Rousseau et la plus grande partie du Romantisme), l'autorité institutionnelle, particulièrement en ce qui concerne l'État et la famille (l'anarchisme philosophique et la majeure partie de la psychologie des profondeurs), la technologie et les techniques de gestion (Heidegger et Ellul, entre autres), ou toute autre chose. Il semble y avoir une tendance gnostique incrustée dans la pensée humaine, une tendance qui pousse les hommes à rejeter la responsabilité sur certains aspects de l'œuvre de Dieu pour tous les maux de la terre sur laquelle nous vivons.

On n'insistera jamais trop sur la nature radicale de la tendance gnostique et sur l'importance de sa condamnation biblique. À ma connaissance, la Bible est unique en ce qu'elle rejette, sans compromis, toute tentative visant à confondre la structure et la direction, ou visant à identifier une partie de la création comme étant soit le vilain, soit le sauveur. Toutes les autres religions, philosophies ou visions du monde, tombent, d'une manière ou d'une autre, dans le piège qui consiste à ne pas voir la distinction entre la création et la chute, et ce piège continue d'être un danger omniprésent dans la pensée chrétienne. Nous aurons l'occasion de revenir sur ce point à plusieurs reprises.

À cet égard, les trois premiers chapitres du livre de la Genèse sont déterminants. Genèse 1 et 2 parlent de la bonne création et de la tâche de l'humanité en son sein ; Genèse 3 raconte l'histoire de la chute et de ses conséquences. L'importance de cet enchaînement réside dans le fait qu'il n'y avait pas de corruption sur la terre avant la chute – une création immaculée est possible. La bonne création précède, et par conséquent est distincte, de la chute et de ses effets. On ne peut pas dire que la bonne création est responsable du mal, seule la chute l'est. Accepter la vision libérale moderne (partagée par pratiquement tout le monde, sauf par les évangéliques conservateurs) selon laquelle ces chapitres racontent un mythe au sujet de la condition humaine où le bien et le mal coexistent, ce n'est pas seulement les dépouiller de leur message radical, mais c'est contredire le cœur de ce qu'ils affirment. Le mal n'est *pas* inhérent à la condition humaine : il y avait autrefois une création complètement bonne et il y en aura une de nouveau ; par conséquent, la restauration de la création n'est pas impossible. Il ne faut désespérer de rien dans le monde. L'espoir est enraciné dans l'accessibilité constante et la présence insistante de la bonne création, même dans les situations où elle est terriblement profanée.

Dans le chapitre précédent, nous avons vu que la loi de la création se manifeste d'une autre manière depuis l'intrusion du péché. En jugulant le péché et les maux que le péché engendre, elle empêche la désintégration complète du royaume terrestre qui est notre demeure. En d'autres termes, la loi *touche* ses sujets créés. La loi est « valide » en ce sens qu'elle statue, qu'elle s'applique et qu'elle est entrée en vigueur. Il est impossible d'ignorer la loi de la création. La loi ressemble à un ressort qui peut être compressé et ignoré au seul prix d'un grand effort et dont la présence continue de se faire sentir, même lorsqu'il est comprimé pendant longtemps. La « structure » d'une chose, c'est la loi qui s'applique pour elle, et aucun degré de répression ou de perversion ne réussira jamais à invalider sa présence et ses effets. Le désir de justice est présent au milieu de la tyrannie. L'appel créationnel à l'engagement et à l'amour dans la sexualité humaine ne peut être ignoré qu'en y faisant la sourde oreille – mais cet appel ne se taira jamais. L'inhumanité de l'homme envers l'homme implique toujours le fait d'ignorer, plus ou moins consciemment, son humanité – et « ignorer » implique toujours le mépris de quelque chose qui semble en appeler à notre conscience. Le livre des Proverbes illustre cela puissamment : « À côté des portes, à l'entrée de la ville, à l'intérieur des portes, elle fait entendre ses cris : [...] Stupides, apprenez le discernement ; insensés, apprenez l'intelligence. Écoutez, car j'ai de grandes choses à dire, et mes lèvres s'ouvrent pour enseigner ce qui est droit » (Pr 8.3,5,6). Dieu revendique son titre sur la structure de sa création, quelle que soit notre direction.

Le « monde » comme création pervertie

Dans notre discussion sur la chute, nous avons souligné le fait que rien, dans la création, ne se situe hors de sa portée. Tout comme de l'eau sale contamine un étang propre, les effets toxiques de la chute ont souillé tous les aspects de la création. Dans les Écritures, le terme « monde » fait précisément référence à cette vaste étendue du péché. La compréhension qu'a un chrétien, ou une chrétienne, de ce monde, fonctionne comme un test d'acidité pour sa vision du monde.

Le mot « monde » est utilisé de nombreuses façons différentes dans la Bible. Parfois, il signifie simplement « création », comme dans l'expression « depuis la création du monde ». Parfois il signifie « la terre habitée », comme lorsque Paul écrit « votre foi est renommée dans le monde entier » (Ro 1.8). D'autres fois, cependant, lorsqu'il représente quelque chose qui pollue et que les chrétiens doivent éviter, *monde* revêt une connotation distincte et négative. Considérez les expressions suivantes tirées de l'Écriture :

Le Christ : « Mon royaume n'est pas de ce *monde* » (Jn 18.36).

Paul : « Ne vous conformez pas au *monde* actuel » (Ro 12.2 ; *Segond 21*).

Paul : « Prenez garde que personne ne fasse de vous sa proie par la philosophie et par une vaine tromperie, s'appuyant sur la tradition des hommes, sur les principes élémentaires du *monde*, et non sur Christ » (Col 2.8).

Jacques : « La religion pure et sans tache, devant Dieu notre Père, consiste à visiter les orphelins et les veuves dans leurs afflictions, et à se préserver des souillures du *monde* » (Ja 1.27).

Pierre : « En effet si, après s'être retirés des souillures du *monde*, par la connaissance du Seigneur et Sauveur Jésus-Christ » (2 Pi 2.20).

Que signifie précisément le mot *monde* (habituellement *kosmos* en grec, parfois *aiōn*) dans ce sens très négatif ? Selon Herman Ridderbos, Paul l'utilise pour faire référence à « la totalité de la vie non rachetée dominée par le péché en dehors du Christ[1] ». En d'autres termes, le « monde » désigne la totalité de la création infectée par le péché. Partout où le péché humain courbe, tord ou déforme la bonne création de Dieu, c'est là que nous trouvons le « monde ». Ici, le *monde* est la pourriture de la terre, l'antithèse de la bonté créationnelle. Dans la même veine, Jacques déclare sans ambages : « ne savez-vous pas que l'amour du monde est inimitié contre Dieu ? » (Ja 4.4.)

Tout cela peut sembler assez simple. Il faut cependant noter que les chrétiens de pratiquement toutes les orientations ont tendance à comprendre le mot « monde » comme faisant référence à un périmètre délimité de l'ordre créé, un périmètre qui est habituellement

---

1. Herman Ridderbos, *Paul : An Outline of His Theology* [Un résumé de la théologie paulinienne], Grand Rapids, Eerdmans, 1975, p. 91.

appelé « de ce monde » ou « séculier » (de *saeculum*, la traduction latine de *aiōn*), qui inclut des domaines comme l'art, la politique, les études universitaires (excluant la théologie), le journalisme, les sports, les affaires, etc. En fait, pour ce mode de pensée, le « monde » inclut tout ce qui se situe en dehors du royaume du « sacré », qui consiste essentiellement en l'Église, la piété personnelle et la « théologie sacrée ». La création est par conséquent nettement divisée (bien que la ligne de séparation puisse être définie différemment par différents chrétiens) en deux royaumes : le séculier et le sacré.

Ce compartimentage constitue une très grossière erreur. Il implique par exemple le fait qu'il n'y ait pas de « chose de ce monde » dans l'Église, et qu'aucune sainteté ne soit possible en politique ou dans le journalisme. Il définit ce qui est séculier, non selon son orientation ou sa direction religieuse (obéissance ou désobéissance aux ordonnances de Dieu), mais selon la place créationnelle qu'il occupe. Une fois de plus, il est en proie à cette tendance gnostique profondément enracinée qui déprécie un royaume de la création (pratiquement toute la société et la culture) par rapport à un autre, qui rejette le premier en le voyant, de manière inhérente, comme inférieur au deuxième.

Cette tendance est un sujet sérieux et a des conséquences considérables. Considérez la façon dont elle affecte notre lecture de l'Écriture. Lorsque nous lisons les mots du Christ « mon royaume n'est pas de ce monde », nombre d'entre nous sont enclins à comprendre cela comme un argument contre un engagement chrétien en politique, par exemple. Plutôt, Jésus disait que sa royauté n'est pas *issue de* (en grec : *ek*) la terre pervertie, mais provient des cieux. Lorsque Jacques dit que la pure religion consiste à ne pas se laisser souiller par le monde, nous lisons cela trop facilement comme une mise en garde contre la danse ou les jeux de cartes, ou contre un engagement dans les arts dramatiques, au motif que ce ne sont que des « amusements de ce monde ». Mais Jacques met en garde contre les choses de ce monde *où qu'elles* se trouvent, ce qui comprend certainement dans l'Église, et il souligne ici précisément l'importance d'un engagement chrétien dans les causes *sociales*. Malheureusement, nous lisons les Écritures comme si leur rejet d'un style de vie « de ce monde » impliquait une recommandation pour un style de vie « d'un autre monde ».

Cette approche a mené de nombreux chrétiens à abandonner le royaume « séculier » aux tendances et aux forces du sécularisme. En réalité, puisqu'ils adhèrent à la théorie des deux royaumes, on peut dire que les chrétiens sont, dans une large mesure, responsables de la sécularisation rapide de l'Occident. Si la vie politique, industrielle, artistique et journalistique, pour ne mentionner que ces domaines, sont étiquetées comme essentiellement « de ce monde », « séculières », « profanes » et faisant partie du « domaine naturel de la réalité créée », est-il alors surprenant que les chrétiens n'aient pas jugulé plus efficacement la marée de l'humanisme dans notre culture ?

La Bible fait référence à la perversion et à la distorsion de la création en utilisant de nombreux mots différents. Mis à part « monde », elle utilise des termes comme « futilité », « corruption » et « servitude ». Le mot « servitude » est particulièrement intéressant pour nous, parce qu'il illustre comment les ravages causés par l'humanité sont associés à l'œuvre de Satan. Pécher, dans la Bible, c'est servir Satan – ou plutôt, être esclave de Satan. En dehors du service de Yahweh, il n'y a que servitude – un esclavage conscient ou inconscient à Satan. Cela est vrai de la création entière. Là où la créature ne trouve pas sa liberté en répondant de manière soumise aux normes du Créateur, elle entre en servitude.

Dans l'Écriture, la servitude a trait à l'asservissement à un empire spirituel. La Bible parle très clairement de la domination du diable sur les créatures de Dieu et des forces démoniaques contre lesquelles le peuple de Dieu doit lutter. Satan se trouve à la tête de toute une hiérarchie d'esprits malins qui cherchent à déformer et à gâter les dons que le Créateur a voulus bons. Dans la mesure où ces esprits ont du succès, la création perd son lustre et devient laide plutôt que belle. Le monde devient très littéralement « démonisé ». C'est en ce sens que l'Écriture appelle Satan « le prince de ce monde » (Jn 12.31).

Le pouvoir de Satan soulève un problème. Si la perversion de la création est enracinée dans le péché humain, comment cette perversion peut-elle aussi être attribuée à Satan ? Le méchant ne doit-il pas être, soit l'homme, soit Satan ? Les Écritures sont parfaitement claires à ce sujet. Tout en faisant constamment le lien entre la désobéissance de l'humanité et son allégeance aux puissances des ténèbres, elles ne diminuent jamais la responsabilité propre à l'humanité. Pécher, c'est être esclave de Satan, et cependant, l'excuse « Satan m'a fait faire cela » n'est jamais valide. En dépit du rôle joué par Satan, c'est l'humanité qui porte la responsabilité de faire gémir la création déformée. Bien qu'il y ait ici quelque chose d'impénétrable, comme dans la question de la responsabilité humaine et de la souveraineté de Dieu, la clarté, dans l'enseignement biblique, ne manque certainement pas.

Considérez le rôle de Satan dans le récit biblique de la chute. Le royaume terrestre est encore intact du mal lorsque le serpent (incarnant l'ange déchu du royaume céleste) persuade l'humanité de pécher. C'est seulement lorsque l'humanité pèche, et seulement pour cette raison, que le bon royaume terrestre est assujetti à la futilité et à l'esclavage. Satan ne peut semer le chaos sur la bonne terre qu'en contrôlant tout d'abord l'humanité. La terre, et sa condition, est, et demeure, une responsabilité humaine.

La totalité du mal et de la pourriture dans la création (c'est-à-dire « le monde ») est par conséquent le résultat à la fois du péché humain et de la servitude de la créature envers le diable. Ce lien entre « mal » et « servitude » est très étranger à l'esprit moderne, parce que nous sommes fiers de notre autonomie et de notre liberté en tant qu'êtres humains. Cependant, cette association est évidente dans les Écritures et est acceptée par les chrétiens depuis de nombreux siècles. Un vestige curieux et instructif de cette identification, ancienne et facile, du mal à la servitude, est préservé dans la langue italienne. Le mot italien commun pour « mauvais » ou « mal » est *cattivo*, qui est le descendant direct du latin *captivus* (*diaboli*), « captif (du diable) ». Cette dérivation reflète une compréhension authentique de l'enseignement biblique concernant la nature finalement spirituelle du mal.

Nous devrions aussi ajouter que, parfois, ce que nous avons dit au sujet des termes « monde » et « de ce monde », correspond à l'usage scripturaire des termes « terre » et « terrestre ». Lorsque Paul nous exhorte : « Faites donc mourir ce qui, dans vos membres, est terrestre » (Col 3.5), il mentionne « la débauche, l'impureté, les passions, les mauvais désirs, et la cupidité […] », et lorsqu'il dit des ennemis de la croix qu'« ils ne pensent qu'aux choses de la terre » (Ph 3.19), il fait clairement référence à la terre déchue et corrompue, non à la terre qui a été déclarée « très bonne » dans Genèse 1. Et puisque c'est la terre, et non les cieux, qui a été infectée par le péché, il peut présenter l'exhortation suivante : « Attachez-vous aux choses d'en haut, et non à celles qui sont sur la terre » (Col 3.2). Paul ne veut pas dire que des choses terrestres comme la sexualité, les sports ou la menuiserie sont mauvaises en elles-mêmes (elles font en réalité partie de la bonne création de Dieu) ; il veut dire qu'elles sont corrompues et polluées, en comparaison de la perfection de la demeure de Dieu. Nous devons aussi leur appliquer la demande : « Que ta volonté soit faite sur la terre comme au ciel. »

Pour résumer, nous avons vu que la chute affecte toute l'étendue de la création terrestre ; que le péché est un parasite sur la création, et non une partie de la création elle-même ; et cela, dans la mesure où il affecte la terre entière, le péché profane toutes choses, les rendant « de ce monde », « séculières », « terrestres ». Par conséquent, tous les domaines du monde créé réclament la rédemption et la venue du royaume de Dieu.

4

LA RÉDEMPTION

Nous avons vu comment le concept de création doit être compris dans un sens plus large que ne le comprennent ordinairement les chrétiens, et comment la chute de l'humanité dans le péché affecte toute l'étendue de cette création dans le sens large. Tout cela nous permet désormais d'avancer l'idée fondamentale selon laquelle la rédemption accomplie par Jésus-Christ est *cosmique*, dans le sens où elle restaure l'ensemble de la création.

Cette profession fondamentale contient deux parties distinctes. La première partie est que la rédemption signifie la *restauration* – c'est-à-dire le retour au caractère bon d'une création à l'origine intacte, et non simplement l'addition de quelque chose de supra-créationnel. La seconde partie est que la restauration touche *l'ensemble* de la vie créationnelle, et pas simplement quelques domaines en son sein. Ces deux affirmations sont cruciales pour une vision biblique du monde intégral et toutes deux sont porteuses de conséquences importantes pour les disciples du Christ.

Le salut et la restauration

Il est vraiment frappant de voir que presque tous les mots importants qui décrivent le salut dans la Bible impliquent un retour à un état, ou à une situation, original et bon. Le mot *rédemption* en est un bon exemple. Rédemption signifie « acheter pour libérer », littéralement « racheter », et l'image que cela évoque est celle d'un enlèvement. Une personne libre a été enlevée et est retenue pour obtenir une rançon. Quelqu'un d'autre paie la rançon en faveur du captif et ainsi « rachète » sa liberté d'origine. L'objet de la rédemption est de libérer le prisonnier de l'esclavage, de lui redonner la liberté dont il jouissait autrefois. Nous pouvons dire la même chose au sujet de la *réconciliation*, où, de nouveau, le préfixe « re » indique un retour à un état d'origine. Ici, l'image est celle d'amis qui se sont brouillés, ou d'anciens alliés qui se sont déclaré la guerre. Ils se sont réconciliés et sont retournés à leur amitié et à leur alliance d'origine. *Le mot renouvellement* est un autre mot concernant le salut qui commence par *re*. En fait, Paul utilise le préfixe comparable *ana-* pour formuler le mot grec *anakoinōsis*, lorsqu'il parle du « renouvellement de l'intelligence » dans Romains 12.2. Littéralement, ce mot signifie « remettre à neuf ». Ce qui était autrefois flambant neuf, mais qui s'est détérioré par usure, est désormais rénové, revenu à son ancienne nouveauté. Le mot grec pour le « salut » lui-même en est encore un autre : *sōtēria* revêt généralement le sens de « santé » ou « sécurité », après une maladie ou un danger. D'ailleurs, la première traduction anglaise du Nouveau Testament grec, publiée pas William Tyndale en 1525, traduit régulièrement ce mot par « santé ». Le Christ est le grand médecin qui soigne notre maladie mortelle et restaure notre santé. Finalement, le concept biblique clé de « régénération » implique un retour à la vie après l'entrée de la mort. Tous ces termes suggèrent la restauration d'une chose bonne, qui a été gâtée ou perdue.

Reconnaissant cette insistance scripturaire, les théologiens ont parfois parlé du salut comme d'une « re-création » – non pour insinuer que Dieu détruit son ancienne création et qu'en

Jésus-Christ il en fait une nouvelle, mais plutôt pour suggérer qu'il s'accroche à sa création originelle déchue et qu'il la *sauve*. Il refuse d'abandonner l'œuvre de ses mains. En fait, il sacrifie son propre Fils afin de sauver son projet originel. L'humanité, qui a bâclé son mandat originel et, par la même occasion, l'ensemble de la création, reçoit en Christ une seconde chance ; nous sommes rétablis en tant qu'intendants de Dieu sur terre. La bonne création originelle doit être restaurée.

Les implications pratiques de cette intention sont légion. Le mariage ne devrait pas être évité par les chrétiens, mais sanctifié. Les émotions ne devraient pas être refoulées, mais purifiées. La sexualité ne doit pas être simplement fuie, mais rachetée. La politique ne devrait pas être déclarée interdite, mais réformée. L'art ne doit pas être qualifié de mondain, mais déclaré pour le Christ. Les affaires ne doivent plus être reléguées au monde séculier, mais doivent être administrées à nouveau en conformité aux normes qui honorent Dieu. Tous les secteurs de la vie humaine nous donnent de tels exemples.

D'une manière très significative, cette restauration signifie que le salut n'apporte rien de nouveau. La rédemption, ce n'est pas ajouter à la vie créée une dimension spirituelle ou surnaturelle qui manquait avant. Plutôt, c'est apporter une vie et une vitalité renouvelées à tout ce qui est là. Bien sûr, il est assez vrai que toute la scène du salut fournit des éléments qui ne faisaient pas partie du dessein créationnel de Dieu (pensez par exemple aux régulations qui ont été rendues nécessaires par le péché : la peine capitale, la législation sur le divorce, les villes refuges et d'autres choses encore). Mais comme un échafaudage attaché à une maison en rénovation, ou un bandage recouvrant une blessure, tous sont annexes au but principal, ils ne sont là que pour servir le processus de restauration. En fait, une fois que ce but principal est atteint, on peut s'en débarrasser. Il serait stupide de dire que les traitements médicaux ont un but plus important que la restauration de la santé, parce qu'ils apportent les médicaments, les bandages et les stéthoscopes. De la même manière, le salut apporte de nombreuses choses dans la vie du peuple de Dieu, qui ne font pas uniquement partie de la restauration de la création, et cependant, cette restauration est le centre exclusif de la rédemption. Au fond, la seule chose que la rédemption ajoute qui n'est pas incluse dans la création est le remède pour le péché, et ce remède est apporté uniquement avec l'objectif de rétablir une création qui est devenue pécheresse à son état originel. En langage théologique traditionnel, nous dirons que la grâce n'impose pas de *donum superadditum* à la nature, un don ajouté par-dessus la création ; plutôt, la grâce restaure la nature, la rendant de nouveau entière.

Si le salut n'apporte rien de plus que la création, il n'apporte rien de moins non plus. C'est *toute* la création qui est incluse dans l'étendue de la rédemption du Christ, cette étendue est réellement cosmique. Par le Christ, Dieu a déterminé de « *tout* réconcilier avec lui-même », écrit Paul (Col 1.20), et les mots qu'il utilise (*ta panta*) excluent toute compréhension étroite ou personnaliste de la réconciliation qu'il a à l'esprit[1]. Il peut nous sembler étrange que l'apôtre utilise le mot *réconcilier* dans ce contexte, alors qu'il a plus que les êtres humains à l'esprit, mais cet usage confirme simplement ce que nous avons appris au sujet de l'étendue de la chute : « tout » est aspiré vers la mutinerie de la race humaine et son hostilité envers Dieu, et ses relations brisées avec le Créateur doivent être « réparées », elles doivent retrouver l'harmonie avec lui. L'étendue de la rédemption est aussi grande que l'étendue de la

---

1. Voir le personnalisme : philosophie qui fait de la personne humaine, du sujet individuel, la valeur essentielle, la fin principale (Larousse).

chute, elle embrasse la création dans son entièreté. La cause principale de tout mal sur terre, à savoir le péché de la race humaine, est expiée et vaincue par la mort et la résurrection du Christ, et par conséquent, sa rédemption élimine aussi en principe tous les effets du péché. Partout où il y a une perturbation de la bonne création – et cette perturbation connaît, comme nous l'avons vu, une étendue sans limites – le Christ assure la possibilité de la restauration. Si toute la création est affectée par la chute, alors toute la création est aussi récupérée en Christ.

Nous touchons ici un point essentiel. Ce qui distingue une vision du monde réformatrice, c'est la compréhension de l'apport à la fois radical et universel du péché et de la rédemption. Il y a quelque chose de totalitaire dans les revendications de Satan et du Christ. Rien, dans toute la création, n'est neutre, dans le sens de non affecté par le conflit entre ces deux grands adversaires.

Les récits bibliques concernant le péché et la rédemption sont similaires sur un autre point. Dans les deux cas, bien que toute la création soit impliquée, c'est toujours l'*humanité* qui joue le rôle central. Tout comme la chute de l'homme (Adam) a été la ruine du royaume terrestre entier, la mort expiatoire d'un homme (Jésus-Christ, le second Adam) est le salut du monde entier. De même, tout comme la chute du premier Adam a été aidée et encouragée par la désobéissance subséquente du genre humain, le salut du monde entier se manifeste et est promu par l'obéissance subséquente du nouveau genre humain. La race humaine adamique pervertit le cosmos ; la race humaine chrétienne le renouvelle.

L'implication évidente de cela est que la nouvelle humanité (le peuple de Dieu) est appelée à promouvoir le renouvellement dans toutes les sphères de la création. Si le Christ est le réconciliateur de toutes choses, et si nous avons été investis du « ministère de réconciliation » en son nom (2 Co 5.18), nous trouvons alors une tâche de rédemption là où notre vocation nous place dans le monde. Dans la création, aucune ligne de démarcation invisible ne limite l'applicabilité de concepts bibliques fondamentaux comme la réconciliation, la rédemption, le salut, la sanctification, le renouvellement, le royaume de Dieu, et ainsi de suite. Au nom du Christ, la distorsion doit être combattue *partout* – dans la cuisine et dans la chambre à coucher, dans les conseils municipaux et dans les salles des conseils d'administration, sur scène ou sur les ondes, dans la salle de classe et à l'usine. Partout, la création appelle à honorer les principes de Dieu. Partout, le péché de l'humanité perturbe et déforme. Partout, la victoire du Christ est remplie de la défaite du péché et du rétablissement de la création.

Le royaume de Dieu

Le fait que le salut signifie la restauration de la création peut être illustré par une discussion sur le royaume de Dieu, car en fait, la restauration en Christ de la création et la venue du royaume de Dieu sont une seule et même chose. Commençons par préciser la signification du mot *royaume*. Le mot grec *basileia*, qui est habituellement traduit par « royaume », signifie en premier lieu « royauté » – c'est-à-dire « souveraineté », « influence », « domination ». Il ne fait pas tant référence à un territoire ou à un domaine (bien que cela soit un sens possible) qu'à l'exercice actif de la charge royale. L'importance est sur Dieu qui est actif en son pouvoir souverain en tant que roi. Lorsque Jésus raconte la parabole de l'homme de haute naissance qui se rend dans un pays lointain « pour se faire investir de l'autorité royale » (Lu 19.12), il pense à un chef dans le style d'Hérode ou d'Archélaüs qui devait se rendre chez l'empereur à Rome « pour se faire investir de l'autorité royale ». Le royaume de Dieu, par conséquent, nous fait penser au roi légitime qui dirige son territoire, la création.

Bien que Dieu soit souvent dépeint comme le roi des cieux et de la terre dans l'Ancien Testament, ce thème devient particulièrement important dans le Nouveau Testament. Herman Ridderbos, auteur de l'excellente étude *The Coming of the Kingdom* (La venue du royaume), a dit que le royaume de Dieu est « le thème central de toute la révélation de Dieu dans le Nouveau Testament ». En Jésus-Christ, nous sommes témoins de la justification tant attendue et de la démonstration véritable de la royauté de Dieu dans le monde. La venue du Christ constitue le point culminant de toute l'histoire de la rédemption telle qu'elle est attestée dans les Écritures. Le roi légitime a établi une tête de pont dans son territoire et appelle ses sujets à défendre encore plus ses titres dans la création.

Le ministère de Jésus

Le ministère de Jésus démontre clairement que la venue du royaume signifie la restauration de la création. L'œuvre du Christ ne s'est pas limitée à une prédication de la venue du royaume tant attendue, mais elle a aussi constitué une *démonstration* de cette venue. Par ses paroles et spécialement par ses actions, Jésus lui-même a constitué la preuve que le royaume était arrivé. Après avoir fait sortir un esprit malin d'un homme aveugle et muet, Jésus dit aux pharisiens : « Mais, si c'est par l'Esprit de Dieu que je chasse les démons, le royaume de Dieu est donc venu vers vous » (Mt 12.28).

Par conséquent, les miracles de Jésus non seulement attestent de la vérité de sa prédication concernant la venue du royaume, mais démontrent aussi vraiment cette venue. Les guérisons de Jésus sont des preuves réelles de sa royauté sur le pouvoir de la maladie et sur Satan. En lien avec notre thème de la re-création, il est particulièrement frappant de voir que tous les miracles de Jésus (à l'unique exception de la malédiction du figuier) sont des miracles de *restauration* – restauration de la santé, restauration de la vie, restauration de la liberté face à la possession démoniaque. Les miracles de Jésus nous donnent un aperçu de la signification de la rédemption : une libération de la création du joug du péché et du mal et un rétablissement de la façon de vivre telle qu'elle a été créée par Dieu.

Lorsque Jésus dit à la femme qui est courbée depuis 18 ans : « Femme, tu es délivrée de ton infirmité » (Lu 13.12) et que la femme se relève immédiatement, cela constitue une démonstration de la venue du royaume. Cette guérison est en même temps une confrontation entre le Roi libérateur et l'usurpateur asservissant, car Jésus lui-même ajoute que la femme est une personne « que Satan tenait liée depuis dix-huit ans » (v. 16). Il est clair que les guérisons sont une lutte contre Satan, comme le montre le lien entre maladie et possession dans nombre de signes et de prodiges de Jésus, et aussi la manière dont Paul résume le ministère de Jésus à Corneille : « *[il]* allait de lieu en lieu faisant du bien et guérissant tous ceux qui étaient sous l'empire du diable » (Ac 10.38). L'histoire du Gérasénien possédé est un autre exemple où la guérison de Jésus est une preuve évidente de la venue du royaume. Le démon dans l'homme possédé tombe aux pieds de Jésus (en reconnaissance de sa divinité et de sa royauté) et s'adresse à lui en tant que « Fils du Dieu Très-Haut », puis il lui demande de ne pas le punir (Lu 8.28). La réponse de l'esprit malin montre que le Roi est reconnu, que sa puissance supérieure est crainte et que la présence du royaume est admise. Jésus lui-même, lorsque le messager de Jean-Baptiste lui a demandé s'il est le roi messianique attendu depuis longtemps, répond que son ministère parle pour lui-même : « Allez rapporter à Jean ce que vous entendez et ce que vous voyez : les aveugles voient, les boiteux marchent, les lépreux sont purifiés, les sourds entendent, les morts ressuscitent, et la bonne nouvelle est annoncée aux pauvres » (Mt 11.4,5). La guérison, restaurant l'œuvre du Christ, marque l'invasion de la création déchue par le royaume.

Ainsi, dans la personne de Jésus le royaume est déjà présent. Lorsque les pharisiens lui demandent quand le royaume viendra, Jésus répond : « voici, le royaume de Dieu est au milieu de vous » (Lu 17.21). Et cependant il donne aussi l'instruction à ses disciples de prier « Que ton règne vienne, » et enseigne que sa venue n'est *pas encore* une réalité accomplie. Les deux aspects du « déjà » et du « pas encore » caractérisent l'intervalle entre la première et la seconde venue du Christ. La première venue établit son emprise sur la création, alors que la seconde venue accomplit la victoire complète de sa souveraineté. Entre temps, ses serviteurs sont appelés à honorer cette souveraineté partout, car il est déjà vrai que : « tout pouvoir [...] dans le ciel et sur la terre » lui a été donné (Mt 28.18). Depuis son ascension Jésus continue de faire venir son royaume, mais désormais au moyen du ministère de ses disciples investis du Saint-Esprit. Ceci constitue le point important de la parabole des talents (Lu 19.11-27), où les serviteurs de l'homme de haute naissance sont appelés à être fidèles à la tâche qui leur est assignée, avant que l'homme de haute naissance ne revienne du pays où il avait reçu la royauté. Les serviteurs du royaume « déjà venu » investissent toutes leurs ressources pour la promotion du royaume « pas encore venu ».

Concrètement, cette parabole signifie qu'au nom du Christ et de son royaume, les chrétiens doivent désormais employer tous les moyens donnés par Dieu pour s'opposer à la maladie et à la diabolisation de la création – en anticipant sa *régénération* finale lors de la seconde venue (Mt 19.28). Cette instruction est valable pour nos vies privées (par exemple dans des choses comme respecter une promesse, aider des amis, pratiquer l'hospitalité), mais aussi pour des entreprises publiques comme le travail dans la publicité, les relations de travail, l'éducation et les affaires internationales. Le Christ affiche ses prétentions sur tout ; rien n'est exclu de l'étendue de sa royauté. Ceux qui refusent d'honorer cette royauté sont comme les paysans de l'homme de haute naissance qui déclarent : « Nous ne voulons pas que cet homme règne sur nous » (Lu 19.14).

Il ne faudrait pas penser que l'insistance des Écritures sur la restauration implique que les chrétiens devraient prôner un retour au jardin d'Éden. Nous avons déjà noté que la création se développe par la culture et la société et que ce développement est bon et sain. Une partie du plan de Dieu pour la terre est que cette dernière soit remplie et soumise par l'humanité, que ses possibilités soient libérées et réalisées dans l'histoire et la civilisation humaines. Une bonne partie de ce développement s'est déjà produit, bien qu'il soit déformé par le caractère pécheur de l'humanité.

Nous devons choisir la *restauration* plutôt qu'un *retour au point de départ*. Ce serait une profonde erreur de tenter de revenir à l'étape originelle du développement de la terre, au genre de monde illustré par le jardin d'Éden. D'un point de vue culturel, la situation y était primitive et non développée. Elle précédait Jabal, Jubal et Tubal-Caïn (fils de Lémec), par exemple, qui ont introduit nombre de progrès historiques (l'élevage des animaux, la musique, le travail du métal) et ont contribué de manière significative à l'avancement de la civilisation (voir Ge 4.20-22). Adam et Ève ne connaissaient probablement pas la roue ; il est certain qu'ils n'avaient pas encore découvert comment fabriquer les textiles (Ge 3.21) ou comment cuire des briques (Ge 11.3). Selon le langage de l'archéologie moderne, ils vivaient au Paléolithique (l'Âge de la pierre). Revenir en arrière impliquerait le retour culturel au jardin d'Éden, un retour qui inverserait le sens de l'horloge de l'histoire. Un tel mouvement serait historiquement réactionnaire ou régressif.

Cela n'est pas le sens de la restauration en Jésus-Christ. Si nous faisons une analogie avec un adolescent qui est malade depuis qu'il est bébé, un retour à la santé n'impliquerait pas pour lui un retour au stade de développement physique de sa période de bonne santé enfantine. Une guérison authentique de l'adolescent consisterait en une progression saine de l'adolescence à l'âge adulte. Par analogie, le salut en Jésus-Christ, conçu dans le sens créationnel large, signifie la restauration de la culture et de la société à leur stade de développement présent. Cette restauration ne s'opposera pas nécessairement à l'alphabétisation, à l'urbanisation, à l'industrialisation ou à la combustion interne des moteurs, bien que ces développements historiques aient mené à leur propre déformation ou à leur propre mal. La venue du royaume de Dieu demande plutôt que ces développements soient réformés, qu'ils soient rendus responsables devant la structure créationnelle et qu'ils soient assujettis aux ordonnances du Créateur.

La religion biblique est historiquement progressiste, non réactionnaire. Elle voit tout le cours de l'histoire comme un mouvement allant d'un jardin à une ville, et elle affirme de manière fondamentale ce mouvement. Une fois de plus, le royaume de Dieu réclame *toute* la création, non seulement dans tous ses domaines, mais dans tous ses stades de développement.

Comparaison avec d'autres conceptions du royaume

Il est clair que la conception du royaume de Dieu définie ici est cruciale pour notre compréhension de la rédemption. Nous pouvons probablement dire sans crainte que la façon dont nous voyons l'étendue du royaume dévoile notre vision du monde aussi bien qu'elle dévoile la conception que nous avons du « monde ». Il existe parmi les chrétiens une tendance quasi indéracinable à restreindre l'étendue du royaume – une tendance qui est comparable à l'inclination persistante à diviser le monde entre les royaumes du sacré et du profane.

L'exemple le plus commun de cette restriction se trouve peut-être dans le *piétisme*. Les piétistes restreignent le royaume de Dieu à la sphère de la piété personnelle, la vie intérieure de l'âme. Ils préfèrent traduire Luc 17.21 par « voici, le Règne de Dieu est au-dedans de vous » (*Bible Martin*) plutôt que « au milieu de vous ».

D'autres traditions limitent l'étendue de la royauté de Dieu en identifiant le royaume à l'église institutionnelle. Cette vision affirme que seuls les membres du clergé et les missionnaires sont engagés dans un « travail à temps plein pour le royaume » et que les laïcs ne sont impliqués dans l'activité du royaume que dans la mesure où ils sont engagés dans le travail de l'Église. Cette restriction a donné naissance à l'expression trompeuse « l'Église et le monde », qui suggère que toutes les affaires humaines sont en réalité divisées en deux sphères.

A contrario, les dispensationnalistes restreignent le royaume au futur eschatologique. Pour eux, la requête « Que ton règne vienne » signifie « Que le millénium ne tarde pas à venir ». Cette vision assimile exclusivement le royaume au millénium et estime qu'aucun des deux n'est, en aucune façon, « déjà présent ».

D'un autre côté, le protestantisme libéral classique (l'évangile social, par exemple) lie le nom « royaume de Dieu » à tout ce qui semble humain et progressiste selon un point de vue humaniste. Pour ceux qui adhèrent à cette vision, la démocratie libérale ou l'*american way of life* (le style de vie américain) sont vus comme attenants à la royauté du Christ et tout mouvement contraire est considéré comme séculier par définition. Tel est aussi le cas pour la majeure partie de la théologie contemporaine de la libération, bien que celle-ci voie le royaume manifesté davantage dans les mouvements sociopolitiques marxistes que dans le libéralisme.

Tous ces exemples illustrent le fait que la tentation permanente de la pensée chrétienne est de trouver de nouvelles variantes à une théorie des deux royaumes qui restreint l'étendue de la seigneurie du Christ. Sans cesse, les chrétiens trouvent des façons d'exclure de la nécessité d'une réforme faite pour l'amour du Christ certains domaines ou certaines dimensions de leurs vies et de leur culture. Nous devons toujours nous rappeler que le Christ ne se satisfait pas de demi-mesures, qu'il réclame toute la vie créationnelle. Ce que nous appelons ici la vision réformatrice du monde constitue une tentative d'honorer, de manière explicite et consistante, le message pressant de l'Écriture selon lequel le péché est radical, profond et généralisé. Dans toute la création, le Christ est capable de vaincre Satan. Plus que capable. Satan a fait le pire dont il était capable, mais le Christ l'a vaincu.

Un diagramme nous permettra d'illustrer la différence fondamentale qui existe entre les différentes visions du monde que l'on retrouve chez les chrétiens. Imaginons un bloc qui représente la création dans toute sa diversité et toute son étendue. Divisons grossièrement ce bloc selon certains des principaux domaines de la création (voir figure A, ci-dessous). Il est important de noter que les lignes séparant les différents domaines représentent ou se rapprochent des distinctions réelles tracées par le *Créateur*, et non par la chute ou par une quelconque convention humaine arbitraire. La vie d'Église est différente par nature de la vie de famille, car Dieu a créé l'Église et la famille uniques et différentes. Les pensées et les émotions, par exemple, ont leur nature propre – c'est-à-dire que chacune est créée « selon *[son]* espèce » (Ge 1.11s). Les limites entre ces différents domaines, eux-mêmes créés par Dieu, sont ordonnées par Dieu et sont bonnes.

Figure A

Église
Famille
Politique
Affaires
Art
Éducation
Journalisme
Pensée
Émotion
Plantes et animaux
Matière inanimée

Une théorie des deux royaumes suppose qu'il existe une ligne divisant la création en deux royaumes (le royaume de Dieu et le royaume du « monde »), et elle identifie habituellement cette ligne à l'une des lignes de démarcation naturelles de la création qui sépare les différentes activités (domaines) que l'on retrouve dans la création. La figure B représente l'une des séparations communément admises. Dans cette figure, même si la ligne séparant le royaume de Dieu et l'Église du « monde » pourrait être tracée à un endroit différent (le royaume pourrait par exemple inclure la vie de famille ou le travail effectué dans un hôpital ou dans une école chrétienne), elle opère toujours une division horizontale qui est tracée le long des lignes de démarcation de la création.

Figure B

Église	Royaume de Dieu (sacré)
Famille	
Politique	
Affaires	
Art	
Éducation	Le « monde » (séculier)
Journalisme	
Pensée	
Émotion	
Plantes et animaux	
Matière inanimée	

Les Écritures présentent les choses sous un jour très différent. Dieu et Satan ont des prétentions sur *toute* la création, ne laissant rien de neutre ou rien qu'ils ne se disputent pas. Le diagramme scripturaire ressemble à celui qui est exposé par la figure C, dans laquelle le contraste ne se situe pas entre deux royaumes, mais entre deux régimes. La division entre ces régimes recoupe verticalement toute la réalité créée. Elle ne coïncide nulle part avec les lignes de séparation légitimes entre les différents domaines. La ligne est en dents de scie plutôt que droite, parce qu'elle représente la ligne de front entre les forces des régimes qui s'opposent, et les différents domaines connaissent des degrés variés de libération ou d'esclavage. De plus, la ligne *bouge* : par exemple, là où la vie de famille croît dans l'obéissance et en conformité à la loi créationnelle de Dieu, le royaume avance et le monde est repoussé. Là où l'esprit de l'humanisme sécularise la pensée humaine, le royaume de Dieu perd du terrain et est fait prisonnier « par la philosophie et par une vaine tromperie, s'appuyant sur la tradition des hommes, sur les principes élémentaires du monde, et non sur Christ » (Col 2.8). Il est même possible de vivre une libération spectaculaire par le Christ dans un domaine de ma vie (mes émotions, peut-être, ou ma vie de famille) alors qu'un autre demeure tristement séculier (ma pensée, par exemple, ou mon engagement à l'Église). La même disparité peut être vraie pour des nations ou des traditions particulières. L'opposition entre lumière et obscurité, vie et mort, sagesse et folie, santé et maladie, obéissance et désobéissance se manifeste partout. Rien n'est « neutre », neutre dans le sens où le péché ne l'affecte pas, où la rédemption ne tient pas la promesse de délivrance.

Figure C

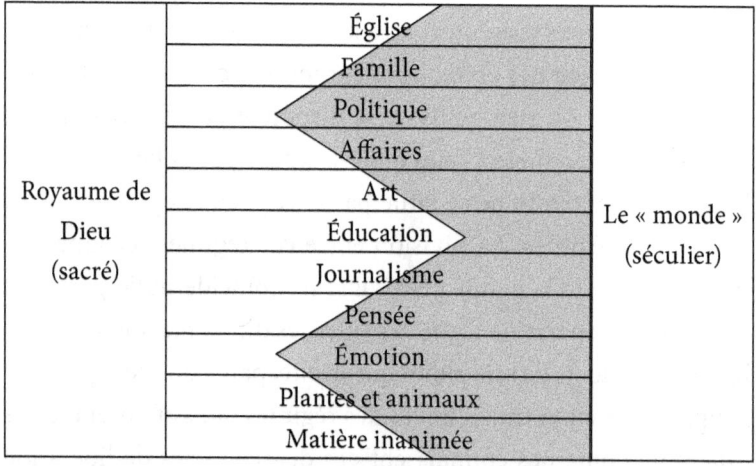

Cette ligne de division radicale entre les deux royaumes constitue la même ligne qui divise « la chair » et « l'esprit » dans l'être humain individuel, ou « le vieil homme » et « le nouvel homme ». L'une des grandes avancées de la Réforme est l'idée selon laquelle « la chair » et « l'esprit » dans le Nouveau Testament ne correspondent pas au « corps » et à l'« âme » de la philosophie grecque païenne, mais les divise tous les deux. Dans son commentaire sur Galates 5, Luther s'exclame sur les œuvres de la chair et sur les fruits de l'esprit : *totus homo caro* – « toute la personne est chair ! ». Dans ce seul énoncé, Luther remplace une ligne droite par une ligne verticale en dents de scie. On doit résister à la tentation de catégoriser la création en domaines bons et mauvais. Les œuvres de la chair ne se limitent pas à des péchés du corps (Paul incluait à sa liste l'idolâtrie et la haine), et les fruits de l'Esprit ne sont pas que « mentaux ». La personne entière est réclamée par chacune des forces concurrentes. Répétons-le, ces forces sont en totale opposition l'une contre l'autre : la chair et l'Esprit « sont opposés entre eux, » écrit Paul (Ga 5.17) qui utilise un verbe grec exprimant le contraste. L'Esprit, qui est l'Esprit de sainteté, s'oppose à la distorsion, afin de réaffirmer et de glorifier l'intention créatrice originelle de Dieu.

Ainsi, la Rédemption constitue le rétablissement du caractère créationnel bon au moyen de l'abolition du péché et d'un effort tendant vers la suppression progressive de ses effets qui se propagent partout. Nous retournons à la création au moyen de la croix, car seule l'expiation s'attaque de manière efficace au péché et au mal à leur racine. La version du Grand Mandat de Marc nous appelle à « prêcher la bonne nouvelle à toute la création. » (Mc 16.15), car la libération du péché est nécessaire partout.

Une illustration

Une simple illustration peut clarifier la conception biblique d'ensemble de la création, de la chute et de la rédemption. Nous avons noté que les Écritures parlent de la condition humaine comme de la bataille entre deux royaumes – le royaume de Satan (ou « le monde » dans le sens négatif) et le royaume du Christ. Être chrétien signifie que Dieu « nous a délivré de la puissance des ténèbres [*c'est-à-dire le royaume de Satan*] et nous a transportés dans le royaume de son Fils bien-aimé » (Col 1.13). Dans le conflit entre ces deux royaumes, deux souverains sont impliqués qui s'affrontent pour le même territoire et qui mènent deux armées adverses sur le champ de bataille. Chaque armée prête allégeance à l'un des souverains. Le territoire disputé, la création de Dieu, a été envahi par l'adversaire de Dieu, Satan, qui tient actuellement la création comme un territoire occupé par une force militaire. En Jésus-Christ, Dieu lance une contre-offensive pour réclamer son domaine légitime. Par la mort et la résurrection de Jésus-Christ, la victoire a été en principe acquise. Dieu a établi une tête de pont dans la création et la revendique au complet. Nous vivons actuellement dans une période qui se situe entre la bataille décisive, remportée par le Christ, et l'établissement définitif de sa souveraineté sur tous ses territoires. La guerre qui fait toujours rage entre les soldats du Christ et les agents de Satan revêt le caractère d'une opération de nettoyage.

Dans son livre *Christ et le temps*, le théologien « suisse » Oscar Cullmann[2] relate l'invasion de la Normandie en 1944 en lien avec la fin de la Seconde Guerre mondiale. Cette invasion, qui a commencé le « jour J » (le jour du débarquement sur les plages de Normandie), était nécessaire avant le jour de la victoire, qui a été le véritable moment de la victoire finale et complète. La mort et la résurrection de Jésus-Christ, dit Cullmann, sont comme le jour J, et la seconde venue du Christ et le jugement dernier seront comme le jour de la victoire. Nous vivons actuellement l'époque

---

2. Oscar Cullmann était en réalité français, mais il a accompli la plus grande partie de son œuvre en Suisse.

qui se situe entre les deux, assurés de la victoire, mais menant toujours une bataille acharnée.

Examinons les éléments fondamentaux de cette métaphore militaire. Les principaux protagonistes sont deux rois, l'un légitime et l'autre usurpateur, ayant chacun leur propre souveraineté et leur propre armée, faisant chacun la guerre pour la possession du même territoire. La royauté du souverain légitime est ce que la Bible appelle « le royaume de Dieu », alors que celle de son rival est appelée « le monde » ou royaume des ténèbres. Les Écritures appellent l'une des armées « le peuple de Dieu » (« l'Église » dans le Nouveau Testament) et l'autre « ceux du dehors » – c'est-à-dire toute l'humanité qui est en dehors du Christ et esclave de Satan. La bataille entre les souverainetés est ce qu'Abraham Kuyper appelle « l'antithèse », la guerre spirituelle entre Dieu et Satan. Finalement, le territoire que les deux souverainetés se disputent est le domaine complet de la création. Chacun revendique la totalité de l'ordre créé.

La Bible abonde en images tirées de ce contexte militaire. Pensez au récit de Paul sur la guerre spirituelle dans Éphésiens 6, ou à son avertissement de ne pas être faits prisonniers de guerre par la philosophie dans Colossiens 2, ou à sa comparaison de l'évangélisation à un siège dans 2 Corinthiens 10.3-6. Le livre de l'Apocalypse, lui aussi, puise largement dans cette sorte d'imagerie, représentant de manière vivante la bataille cosmique entre l'Agneau et le dragon et utilisant la conception de Dieu en tant que guerrier, que l'on retrouve dans l'Ancien Testament. Les chrétiens d'aujourd'hui ont tendance à être gênés par une telle terminologie, la trouvant trop militariste. Et il est certainement vrai qu'ici existent de réels dangers. Nous savons tous combien il est facile de transformer l'appel à la guerre spirituelle, que l'on trouve dans la Bible, en soutien pour le genre de patriotisme chrétien malavisé qui identifie les intérêts géopolitiques d'un certain État à la cause du royaume de Dieu. Cependant, nous devons utiliser les termes propres de l'Écriture et chercher à comprendre ce que l'Esprit veut dire lorsqu'il utilise le langage de la guerre.

Une vision du monde authentiquement biblique reconnaît qu'une bataille réelle fait rage entre Dieu et son adversaire pour le contrôle de la création. Il s'agit d'une bataille spirituelle très sérieuse. La bataille se manifeste peut-être de manière plus spectaculaire dans les cas de possessions démoniaques ou d'exorcismes, que ce soit aux temps bibliques ou aujourd'hui. Mais la confrontation n'en est pas moins réelle lorsqu'elle est moins dévoilée ou moins ouverte, comme dans le cas de la sécularisation progressive des médias de masse, de l'éthique médicale et de l'instruction publique. Cette guerre spirituelle heurte de plein fouet de nombreux étudiants chrétiens brillants lorsqu'ils font la transition entre le secondaire et l'université. À moins qu'ils n'aient une vision du monde biblique intégrale qui les outille pour contre-attaquer avec l'épée de l'Esprit, leurs alternatives sont soit de vivre une vie de schizophrénie intellectuelle presque insupportable (comme une chapelle qui est hermétiquement exclue de la classe), soit d'être emportés par le maelstrom de l'humanisme séculier. L'avertissement de Paul est applicable autant aujourd'hui qu'il y a 19 siècles : « Prenez garde que personne ne fasse de vous sa proie par la philosophie et par une vaine tromperie, s'appuyant sur la tradition des hommes, sur les principes élémentaires du monde, et non sur Christ » (Col 2.8). C'est tragique, mais la bataille pour la création connaît toujours son lot de pertes.

La somme de notre discussion sur la vision du monde réformatrice se résume simplement à cela : 1) la création est plus large et plus complète que nous avons tendance à le penser ; 2) la chute affecte cette création dans sa totalité ; et 3) la rédemption en Jésus-Christ va aussi loin que la chute. L'horizon de la création est en même temps l'horizon du péché et du salut. Concevoir que la chute ou la délivrance du Christ embrassent moins que la création entière revient à compromettre l'enseignement biblique sur la nature radicale de la chute et de l'étendue cosmique de la rédemption.

5

DISCERNER LA STRUCTURE ET LA DIRECTION

Dans les chapitres précédents, nous avons esquissé la vision biblique du monde, en mettant en exergue l'ampleur et la portée de la création, ainsi que les effets du péché et du salut sur cette création dans toute son étendue. Nous avons vu que ces réalités centrales (la création, la chute et la rédemption) constituent les points cardinaux de la boussole biblique. Lorsque nous regardons la réalité à travers les Écritures, tout ce qui se rapporte à notre expérience se révèle comme étant simultanément la *réalité créée*, un élément soumis à la malédiction du *péché,* et quelque chose qui attend la *rédemption* avec impatience. Cela constitue l'ABC d'une vie authentiquement chrétienne ; ce sont aussi les suppositions bibliques qui clarifient notre expérience, lorsque chacune de nos pensées obéit à Jésus-Christ.

Dans ce chapitre, nous nous intéresserons à certaines *implications* pratiques de cette vision du monde pour la vie en société et la vie personnelle et culturelle des chrétiens. Partant d'un large éventail d'exemples, nous examinerons comment la création, la chute et la rédemption (ou « la structure » et « la direction », selon les termes que nous adopterons) doivent façonner les convictions d'un peuple vivant selon la Parole. Comment, par exemple, les chrétiens doivent-ils aujourd'hui comprendre les opinions opposées concernant la technologie, l'agressivité, la révolution politique, la danse, l'éducation ou la sexualité ? Notre étude sur la nature de la créature, de la chute et de la rédemption est-elle pertinente pour une approche biblique dans ces domaines ?

Nous soutenons que, dans tous les cas, la tâche du chrétien est de discerner la *structure* et la *direction*. Comme nous l'avons noté, la *structure* signifie « l'essence » d'une réalité créée, une réalité qui existe en vertu de la loi créationnelle de Dieu. La *direction*, par contraste, réfère à une déviation pécheresse de l'ordonnance structurelle, ainsi qu'à une conformité renouvelée de cette ordonnance en Christ. Une analyse réformée de tous les domaines de la vie appliquera cette distinction biblique de manière systématique. Elle accordera une importance égale à la création (la structure) et à l'antithèse spirituelle (la direction) imprégnant toute la création.

Lorsque nous utilisons la distinction entre la structure et la direction, nous devons toujours comprendre ces termes en lien avec l'idée de « la grâce restauratrice de la nature ». Il ne suffit pas de dire que les ordonnances ou les structures créationnelles s'appliquent partout à la réalité et que le péché se résume à un conflit religieux à l'œuvre au sein de cette réalité. Nous devons dire que le conflit religieux fait rage *dans l'intérêt* de la structure créée. Les composantes quotidiennes de nos vies (notre famille, notre sexualité, notre façon de penser, nos émotions, notre travail) sont des réalités structurelles qui sont *impliquées* et qui sont *en jeu* dans le tiraillement entre le péché et la grâce. La bataille pour la direction ne se déroule pas sur le plan spirituel au-dessus de la réalité créée, mais, plutôt, elle existe *dans* et *pour* la réalité concrète de la création terrestre. Ce lien fondamental constitue le génie d'une vision entièrement biblique concernant la nature de la vie et du monde. Toutes nos vies, incluant toutes les réalités de notre expérience quotidienne, sont constituées d'une structure et d'une direction, qui sont les ingrédients fondamentaux de la vie.

Ce double accent constitue une différence radicale dans la manière dont les croyants chrétiens appréhendent la réalité. Puisqu'ils croient que la structure créationnelle sous-tend toute réalité, ils cherchent et trouvent des preuves d'une cohérence légitime dans le flux de l'expérience, mais aussi des preuves invariables au milieu d'une variété d'événements et d'institutions historiques. Puisqu'ils confessent qu'une direction spirituelle sous-tend leur expérience, ils voient l'anormalité là où les autres voient la normalité, et des possibilités de renouveau là où les autres voient une distorsion inévitable. Dans chaque situation, ils cherchent et reconnaissent explicitement la présence de la structure créationnelle, la distinguant vivement de l'abus humain auquel elle est assujettie. Leurs sensibilités sont partout en accord avec la création et avec son antithèse, les deux réalités fondamentales que les Écritures enseignent si clairement et si systématiquement, et que la religion de l'humanisme moderne nie si clairement et si systématiquement.

La réformation

La première implication de la vision du monde réformatrice est très large et sous-tend toutes les autres. Elle décrit le caractère et l'attitude de base que devrait adopter le chrétien lorsqu'il aborde les questions importantes d'actualités sociétales, personnelles ou culturelles. Nous pouvons extraire cette implication du mot *réformation*, le nom qui constitue la racine du mot *réformateur*. De nombreuses variantes de ce mot font partie de la perspective dont nous dessinons les contours. Le tout premier est la Réformation (ou la Réforme) elle-même, le renouveau de la religion biblique qui s'est produit au XVIe siècle. Assurément, la perspective que nous appelons réformatrice est fermement enracinée dans ce mouvement charnière qui, nous le croyons, était basé sur une redécouverte de la Parole de Dieu. Mais deux autres connotations au mot « réformation » sont aussi présentes dans le terme *réformateur*, connotations qu'il sera utile d'expliquer plus en détail.

La première connotation est la suivante : réformation signifie *sanctification*, et non *consécration*. Ces deux mots signifient « rendre saint », mais ne sont pas des synonymes au sens strict. *Sanctifier* signifie « libérer du péché, nettoyer de la corruption morale, purifier ». *Consacrer*, d'un autre côté, signifie généralement et simplement « mettre à part, dédier, se dévouer au service ou à l'adoration de Dieu ». Par conséquent, la consécration signifie un renouvellement *externe*, alors que la sanctification signifie un renouvellement *interne*. Le mot *réformation* fait référence à la sanctification dans ce sens de revitalisation intérieure.

C'est clairement la sanctification dont il est question lorsque nous parlons de la restauration de la création par la mort et la résurrection de Jésus-Christ. La sanctification est le processus par lequel le Saint-Esprit, dans et par le peuple de Dieu, purifie la création du péché sur la base de l'expiation et de la victoire du Christ. Cette activité purificatrice, le fait de rendre saint, constitue un processus qui mène au renouvellement et à la revitalisation intérieure des créatures de Dieu. Elle n'établit donc pas uniquement un lien avec l'église institutionnelle et ses services d'adoration. L'« Esprit de sainteté » cherche à pénétrer nos vies de créatures, établissant une différence qualitative dans le fonctionnement intérieur de la famille, des affaires, des arts, du gouvernement et d'autres choses encore. La puissance rénovatrice du salut en Jésus-Christ pénètre le tissu même du « monde naturel », en le sanctifiant de l'intérieur.

Cette sainteté, c'est ce que l'apôtre Paul a à l'esprit lorsqu'il écrit de manière si emphatique à Timothée que tout ce qui est créé par Dieu (il inclut explicitement le mariage) est « sanctifié » par la Parole de Dieu et la prière (1 Ti 4.5). Les versions de la Bible qui changent le mot *sanctifié* (le mot que l'on retrouve dans les principales versions françaises) pour le mot *consacré* se trompent en obscurcissant ainsi l'instruction fondamentale de Paul concernant la vision du monde. Il ne fait aucun doute que dans ce passage, et dans le Nouveau Testament de manière générale, Paul utilise le mot grec *hagiazein* (littéralement, « rendre saint ») pour faire référence au renouvellement et à la purification interne de la pollution du péché. Il n'y a rien de superficiel dans l'œuvre de l'Esprit.

Jésus dit exactement la même chose dans la plus courte de ses paraboles. « Le royaume des cieux, dit-il, est semblable à du levain qu'une femme a pris et mis dans trois mesures de farine, jusqu'à ce que toute la pâte soit levée » (Mt 13.33). Nous apprenons de ce passage que l'Évangile est une influence qui agit comme du levain dans la vie humaine où qu'elle soit vécue, une influence qui, petit à petit, amène le changement de l'intérieur. L'Évangile affecte le gouvernement d'une manière spécifiquement politique, l'art d'une manière particulièrement esthétique, le monde universitaire d'une manière exclusivement théorique et les Églises d'une manière typiquement ecclésiastique. Il rend possible un renouvellement de chaque domaine de la création de *l'intérieur*, non de l'extérieur.

La conception de la sanctification en tant que renouvellement intérieur progressif à chaque étape de la vie humaine (non uniquement dans le contexte des activités du culte) constitue une caractéristique unique de la religion biblique. Dans toutes les autres religions, il semble que le sacré appartienne uniquement à la sphère du culte, au domaine du temple, du prêtre, des sacrifices et des autres choses semblables. Tout ce qui se situe en dehors de cette sphère est considéré comme « profane » ou « impropre ». Le Nouveau Testament change cette idée de manière radicale. Pour Paul, « rien n'est impur en soi » (Ro 14.14), et toutes les choses créées peuvent être rendues saintes. Ceci a déjà été prédit dans l'Ancien Testament : « En ce jour-là, l'on mettra sur les clochettes des chevaux : Sainteté à l'Éternel ! [...] Toute marmite à Jérusalem et dans Juda sera sainte pour l'Éternel des armées » (Za 14.20,21 ; *Colombe*). Dans le Nouveau Testament, la « sainteté » n'est pas restreinte au domaine du culte, mais caractérise l'entièreté de la vie du peuple de Dieu – privée et publique, personnelle et culturelle. La Pentecôte signifie non seulement que l'Esprit vient pour renouveler la vie humaine de l'intérieur, mais aussi que ce renouvellement sanctifiant s'adresse à la gamme complète des activités humaines. Tout, en principe, peut être sanctifié et renouvelé de l'intérieur – notre vie personnelle, nos relations sociétales, nos activités culturelles. Il n'y a pas de limites à l'étendue de l'opération sanctifiante du Saint-Esprit. Il est vraiment significatif que la terminologie du culte de l'Ancien Testament (par exemple : temple, sacrifice, prêtrise, encens) soit transférée, dans le Nouveau, soit au Christ soit à la vie entière de son corps, l'Église !

Donc, réformation signifie en premier lieu sanctification. Une seconde caractéristique de la réformation est que le moyen pour arriver à cette sanctification est un *renouvellement progressif* plutôt qu'un *violent renversement*. Ce principe est particulièrement pertinent sur le plan sociétal et culturel, car il propose une stratégie biblique pour le changement historique. Comment les chrétiens doivent-ils faire face à l'art minimaliste, à la technologie informatique, à la théologie de la libération ou aux tendances récentes dans le journalisme ? À la lumière de notre vision du monde, il est clair que Dieu appelle son peuple à une *réformation historique* dans tous ces domaines, à une sanctification des réalités de la création pour les libérer du péché et de ses effets. Ce qui a été *formé* à la création a été historiquement *déformé* par le péché et doit être *réformé* en Christ.

Pour parler de manière négative, nous pouvons définir cette stratégie en opposant la *réformation* à *l'évolution* dans le sens politique moderne. La tradition hollandaise de la pensée réformatrice a régulièrement opposé la réformation à la Révolution française de 1789, aux révolutions subséquentes de 1848 et à la révolution prêchée par les marxistes orthodoxes. Mais il est tout aussi possible d'opposer la réformation à la révolution prônée aujourd'hui par les néomarxistes et d'autres dans différentes parties du monde.

Lorsque nous utilisons le mot *révolution* dans ce sens fondamentalement négatif, nous ne disons pas que tout ce qui est désigné par le terme révolution est par ce fait mauvais. Certains peuvent dire que la découverte de la pénicilline a causé une « révolution » en médecine. Mais le mot signifie alors simplement quelque chose comme « un changement spectaculaire pour le meilleur » et est parfaitement acceptable. En fait, le terme est devenu tellement surutilisé (pensez aux publicités qui recommandent un nouveau dentifrice « révolutionnaire ») que sa connotation originelle de « bouleversement de grande envergure » a été grandement galvaudée. Dans le présent contexte, cependant, nous pensons au sens politique que le mot a acquis en premier à la fin du XVIIIe siècle, dont les meilleurs exemples sont peut-être les bouleversements politiques de 1789 et de 1917.

Dans ce sens, la Révolution est caractérisée par les traits suivants, entre autres : 1) violence nécessaire ; 2) éradication complète de tous les aspects du système établi ; et 3) construction d'un ordre sociétal complètement différent selon un idéal théorique.

Le principe biblique de « réformation » s'oppose à chacun de ces trois points. En premier lieu, la réformation souligne la nécessité d'éviter la violence, que ce soit dans le sens commun de faire du mal à des individus au moyen de la force physique ou psychologique, ou dans le sens historique de fouler au pied et de disloquer le tissu social. Aussi spectaculaire que puisse être la nouvelle vie de Jésus, elle ne cherche pas à déchirer le tissu d'une situation historique donnée. En second lieu – et ceci revêt une importance toute particulière – elle reconnaît qu'aucun ordre sociétal donné n'est *complètement* corrompu. Ainsi, aucun ordre sociétal ne doit jamais être totalement condamné. Et en troisième lieu, elle ne place pas sa confiance en des plans ou des conceptions de la société idéale auxquels on est arrivé par la spéculation scientifique ou pseudo-scientifique. Plutôt, elle prend la situation historique donnée pour point de départ, consciente de l'injonction apostolique « examinez toutes choses ; retenez ce qui est bon » (1 Th 5.21).

De quelle manière cette idée de renouvellement progressif est-elle une implication de la vision du monde que nous avons esquissée jusqu'à présent ? Il devrait être clair que le fait d'insister de manière égale sur la structure et la direction nous oblige à choisir l'attitude de la réformation. L'Écriture laisse entendre, en un certain sens, que toutes les situations et toutes les conditions participent aux possibilités créationnelles que Dieu offre à ses créatures dans sa loi. Rien ne se meut, ni n'existe, ni ne se développe qu'en réponse aux revendications créationnelles de Dieu. Les ordonnances de Dieu se font sentir même dans la distorsion humaine la plus perverse. Par conséquent, dans toute situation, il y a un élément qui vaut la peine d'être préservé. Inversement, dans la réalité, tout se retrouve dans le domaine de la direction religieuse : tout ce qui existe est susceptible de distorsion pécheresse et a besoin d'un renouvellement religieux. Puisque l'ordre créé, tout comme la perversion ou le renouvellement humain, est présent dans toute situation historique – et de manière spécifique dans une institution culturelle ou sociétale – le fait qu'un chrétien rejette le mal doit toujours mener à un nettoyage et à une réformation des structures créées, et non à une abolition sans discrimination d'une situation historique entière.

Du côté positif, la réformation entraîne le fait que les éléments normatifs dans toute situation distordue (et *toutes* les situations sont distordues à un certain point) doivent être considérés comme des points de contact pour savoir quel renouvellement peut se produire. Réformer signifie s'attacher aux traits d'un ordre établi qui reflètent une certaine normativité et une certaine obéissance à la loi créationnelle. Par conséquent, la réformation prend toujours comme point de départ ce qui est historiquement donné et cherche à construire sur le bon plutôt que de déblayer radicalement le terrain historique afin de poser une fondation complètement nouvelle. En termes pratiques, la puissance organisatrice de la loi de Dieu assure qu'aucune situation humaine ne peut jamais être absolument désespérée. Ceci est vrai non seulement sur le plan personnel, mais aussi sur le plan de la réalité sociétale.

Il est évident que cette approche fait ressortir les aspects positifs de la tradition, de l'autorité et de la continuité historique. À cet égard, la vision du monde réformatrice court le risque d'être perçue comme conservatrice, défendant le statu quo. Une telle perception est évidemment profondément erronée, puisque la réformation est, de manière inhérente et par définition, un appel à la réforme. Bien que mettre en évidence la présence constante de la structure créationnelle exclut toute condamnation générale de toute situation culturelle déformée, mettre en évidence de manière égale la direction – c'est-à-dire les influences très importantes et profondément déformantes de la perversité humaine aussi bien que la puissance victorieuse du salut en Jésus-Christ – implique que toute situation en appelle à une activité militante de la réformation sociétale. Le statu quo n'est jamais acceptable. Toute « institution » a besoin d'un renouvellement interne et d'une réforme structurelle. En ce sens, il se peut que les chrétiens ne soient jamais satisfaits des résultats d'une situation donnée, qu'elle soit économique, politique ou culturelle.

En conséquence, l'attention que nous portons à la structure exclut toute sympathie pour la révolution, et l'attention que nous portons à la direction condamne tout conservatisme quiétiste. Un programme d'action sociale inspiré d'une vision réformatrice ne cherchera jamais à tout recommencer à zéro ou à partir d'une feuille blanche. Plutôt, il cherchera toujours à sauver certains éléments de toute situation historique qu'il aborde – non seulement parce que ces éléments valent la peine d'être sauvés, mais aussi parce qu'ils offrent des « prises », pour ainsi dire, pour le renouvellement.

Pour les chrétiens, cette orientation rénovatrice est particulièrement importante, puisque l'oppression et l'injustice sociale sévère peuvent facilement les tromper et les conduire à identifier la totalité de l'ordre social (« l'institution », « le statu quo » ou « le système ») au « monde » dans son sens religieux négatif. Lorsque cette identification mortelle est établie, les chrétiens ont tendance à se retirer de toute participation au renouvellement sociétal. Sous couvert de se protéger lui-même du « monde », le corps de Christ permet alors en réalité aux puissances de la sécularisation et de la déformation de dominer la plus grande partie de sa vie. Ce n'est pas tant éviter le mal que négliger son devoir.

Nous avons discuté de la réformation et de la révolution essentiellement en termes de renouvellement social et politique, mais le même principe est valable dans nos vies personnelles (pensez à l'accent traditionnellement mis sur la sanctification qui doit croître en grâce et en tant que processus de renouvellement quotidien), dans l'institution ecclésiastique et dans tous les aspects de la culture humaine. Nous ne devons pas répondre à une Église malade en la rejetant en bloc ou en refusant de participer à sa vie, mais en nous attachant au « bon » qui peut encore y être trouvé et en bâtissant sur celui-ci. Là aussi, nous devons « *[avoir]* le mal en horreur, *[nous attacher]* fortement au bien » (Ro 12.9). Il en va de même pour ceux qui travaillent dans le milieu universitaire. Personne, dans une telle position, ne peut éviter de travailler à l'intérieur d'une tradition intellectuelle (et personne ne devrait tenter d'éviter une telle chose). Mais une tradition contient toujours des éléments normatifs ou antinormatifs et des éléments structurels ou directionnels. C'est la tâche de tout éducateur de séparer les idées valables de la tradition et de la faire fructifier en vue de progrès subséquents aussi bien que d'exposer et de rejeter le mensonge et l'illusion à l'intérieur de cette même tradition. Et on pourrait continuer comme ça. Que nous travaillions dans le domaine des arts, dans les affaires ou dans les médias, la stratégie de réformation doit toujours nous guider. Nous devons respecter les données historiques et, sans compromis, appeler à la réforme.

En résumé nous pouvons dire que, alors que la consécration laisse les choses intactes quant à leur réalité intérieure, et que la révolution annihile les choses, la réformation les *renouvelle* et les *sanctifie*. Dieu nous appelle à nettoyer et à réformer tous les secteurs de nos vies.

Le renouvellement de la société

Intéressons-nous maintenant à la société au sens large, composée d'une grande variété d'institutions et d'associations humaines telles que la famille, l'école, l'État, l'Église, les entreprises et d'autres encore. Ici, la question qui se pose est la suivante : les principes bibliques de structure et de direction ainsi que la stratégie de réformation donnent-ils des indications aux chrétiens pour qu'ils soient en mesure de comprendre leur travail de sanctification dans le domaine de la vie publique ?

Nous prendrons comme point de départ la distinction entre la structure et la direction. La société humaine nous fournit les preuves qu'il existe un *ordre structuré* à la base de la grande diversité de formes sociétales, dans différentes cultures et à différentes époques de l'Histoire. La main toute-puissante et partout présente du Créateur n'est pas étrangère à tous les types d'organisations humaines qui existent. Quelle que soit la forme que prend une société, elle doit toujours prendre en compte les réalités de la création. Si une famille se compose d'un père, d'une mère et d'enfants vivants ensemble dans un lien d'affection dévoué, il ne s'agit pas d'un hasard arbitraire. Il ne s'agit pas non plus d'une simple convention dont on peut se débarrasser lorsque l'utilité ne s'en fait plus ressentir. Au contraire, la définition d'une famille est enracinée dans la sagesse du Créateur qui a fait la nature humaine – enracinée dans la constitution biologique, émotionnelle, sociale et morale des hommes et des femmes. La famille a un dessein, un schéma fondamental qui permet une certaine diversité, mais qui établit aussi certaines limites bien définies. Les familles telles que nous les connaissons constituent des réponses partiellement conformes et partiellement non conformes à ce schéma créationnel de base. La structure créationnelle de la famille, c'est la condition sine qua non qui permet à la famille d'exister, ce qui nous permet de dire qu'une famille est une famille. La famille est une institution sociétale *établie* par Dieu, le Créateur.

Comme nous l'avons déjà noté dans notre discussion sur la création, le principe selon lequel les institutions sociétales sont de nature créationnelle a une application plus large. Ce sont non seulement la famille et le mariage (deux communautés distinctes), mais aussi l'église institutionnelle (à distinguer de l'Église en tant que corps de Christ, qui participe aussi aux autres sphères sociétales) et l'État qui sont institués de manière divine. En fait, comme nous l'avons vu, le Nouveau Testament établit explicitement un lien entre les structures de l'autorité politique et l'ordonnance de Dieu dans la création (voir Ro 13.1,2 et 1 Pi 2.13,14). Le fait que les Écritures ne parlent pas expressément d'une structure ordonnée par Dieu pour des institutions telles que l'école et les entreprises ne signifie pas qu'elles sont arbitraires et qu'elles n'ont aucun rapport avec les normes établies par Dieu. Notre propre expérience de la création confirme l'enseignement scripturaire général selon lequel les ordonnances de Dieu s'appliquent à toute la vie. On peut bien diriger une école comme une entreprise (comme le font souvent des hommes d'affaires qui siègent à des conseils d'administration d'école), mais à long terme, une telle gestion se montrera contre-productive. La structure créationnelle de l'école ne se laisse pas mettre dans un moule étranger, tout comme une entreprise ne se laisse pas diriger comme une famille. Cette résistance constitue une preuve qu'il existe des normes créationnelles. Ignorer la bonne création de Dieu dans ces domaines n'est pas rentable, que ce soit sur le plan éducatif ou économique.

Comme toutes les créatures de Dieu, les institutions sociétales ont été créées « selon leur espèce ». Chaque institution a sa propre nature distincte et sa propre structure créationnelle. Nous avons tous une certaine conscience intuitive de la nature et de la structure, une conscience que l'expérience et l'étude aiguisent et approfondissent pour nous donner une sagesse pratique. Un enseignant d'expérience est susceptible de ressentir la structure normative d'une école plus clairement que n'importe quel parent. Une personne qui travaille depuis des années dans une entreprise de service est apte à discerner les contours créationnels de ce domaine beaucoup mieux qu'un universitaire ou un homme politique. Chaque sphère de l'organisation sociétale développe ses propres normes, qui sont largement acceptées. Quiconque s'écarte de ces normes est étiqueté comme « non professionnel » ou « non sérieux ». De telles normes sont toujours le reflet d'une interprétation (juste ou erronée) de l'ordonnance créationnelle (qui soit reconnue ou non) valable pour le domaine en question.

Toute institution sociétale constitue une positivation, valable pour elle uniquement, de la structure créationnelle. (Malheureusement, dans le langage commun, l'institution individuelle et sa structure créationnelle sont souvent toutes deux appelées « structure ». Afin d'éviter toute confusion, nous réserverons le terme *structure* à l'ordre créationnel valable pour la réalité créée, dans notre cas, les institutions sociétales.) Comme nous l'avons déjà noté, la positivation consiste à mettre en pratique une norme créationnelle. Nous avons vu plus tôt qu'une partie du règne de Dieu sur la création s'opère par la médiation de la responsabilité humaine. Les hommes et les femmes exercent leur responsabilité dans la société et la culture en discernant, en interprétant et en appliquant les normes créationnelles pour la conduite de leurs vies. La forme particulière que prend une institution sociétale à un moment ou à un endroit donné constitue le résultat de la compréhension des normes de cette institution par les personnes qui en ont la responsabilité. Dans une Église, les anciens, qui mettent en pratique les normes de l'église institutionnelle, travaillent de manière différente en Afrique ou en Europe, au IVe ou au XXe siècle, dans les Églises noires du sud des États-Unis ou dans les Églises blanches du nord. Les parents, les conseils d'administration, les parlements ou les rois et les conseils d'établissement mettent respectivement en pratique une structure normative spécifique à la famille, aux entreprises, aux États et aux écoles. Dans chaque cas, les autorités de toute structure sociale ont la responsabilité de mettre en œuvre les normes.

Il émerge un principe important de cette conception de l'ordre social orientée vers la création. La responsabilité de l'autorité dans une institution sociétale donnée est *définie par sa structure normative*. C'est-à-dire que la nature créationnelle unique de la famille, de l'État, de l'école, et des autres institutions, précise et délimite l'autorité exercée dans chacun des cas. L'autorité d'un père est de nature parentale ; elle est à la fois caractérisée et restreinte par la nature particulière de la famille. Le père est par conséquent obligé d'exercer son autorité d'une manière qui est particulière à la famille, et non d'une manière qui serait plus appropriée, disons, à un corps de police ou à un club de hockey. Diriger une famille comme une unité militaire, comme tente de le faire le père veuf dans le film *La mélodie du bonheur*, va à l'encontre de la nature de la famille, établie par la création. Inversement, un père n'a, en tant que père, aucune autorité sur l'école ou sur l'entreprise. De la même manière, la responsabilité et l'autorité d'un ancien d'une Église a sa place dans l'église institutionnelle. L'ancien ne doit donc pas agir comme un père envers sa congrégation, en la dirigeant d'une manière « familiale » ou « paternaliste », ou en empiétant dans la sphère de responsabilité d'un père de sa congrégation. La nature créationnelle de l'institution ecclésiastique doit le guider dans ses activités officielles. Le même principe est valable aussi pour le cadre d'entreprise, l'éducateur ou le policier. Chacun dispose d'une autorité qui est définie et restreinte par la structure créationnelle propre à son domaine particulier.

L'aboutissement de ce principe, qu'Abraham Kuyper appelait la « souveraineté de sa propre sphère », que nous pouvons toutefois appeler aussi le principe de « responsabilité différenciée », réside dans le fait qu'aucune institution sociétale n'est subordonnée à une autre[1]. Les personnes en position d'autorité dans une société donnée (ou les personnes qui ont la charge d'un office) sont appelées à positiver les ordonnances de Dieu directement dans leur domaine particulier. C'est Dieu qui leur délègue leur autorité, et non une autorité humaine. Par conséquent, ils sont directement responsables devant Dieu. L'Église, le mariage, la famille, l'entreprise, l'État et l'école se trouvent tous *côte à côte* devant la face de Dieu. Si une institution s'élève *au-dessus* des autres avec une attitude d'autorité, en s'immisçant entre l'autorité de Dieu et celle des autres, il émerge une forme de totalitarisme qui viole la nature limitée de chaque sphère sociétale. C'est le cas des États totalitaires, où l'autorité politique foule aux pieds toute autre autorité. L'État dirige alors les institutions économiques, nomme les dirigeants des Églises et dicte les méthodes pour éduquer les enfants. Le totalitarisme a aussi caractérisé la chrétienté médiévale. L'église institutionnelle recouvrait de ses ailes toute la société européenne, en étendant son autorité ecclésiastique sur l'éducation, la famille, les affaires et l'État. Par ailleurs, le totalitarisme menace de devenir la marque des sociétés modernes, où l'autorité économique de certaines entreprises multinationales géantes est devenue si grande que dans certains cas elle interfère avec la souveraineté politique des États et avec les sphères d'autorité de nombreuses institutions sociétales moins puissantes.

---

1. Le terme néerlandais d'origine pour l'expression « souveraineté de sa propre sphère » est « *souvereiniteit in eigenkring* ».

Le totalitarisme sous toutes ses formes constitue la perversion directionnelle des structures créationnelles de la société. Les chrétiens sont appelés à s'opposer à tout totalitarisme, que ce soit dans l'État, dans l'Église ou dans les entreprises, car il signifie toujours une transgression des limites sociétales imposées par Dieu, ainsi qu'une invasion des sphères qui sont hors de son autorité. La déformation du dessein créationnel de Dieu pour la société peut s'opérer de deux manières : soit par la déformation des normes à l'intérieur d'une sphère donnée (comme dans les cas d'injustice dans un État, d'abus d'enfants dans une famille, de salaires misérables dans une entreprise) soit par l'extension de l'autorité d'une sphère sur l'autre. Dans les deux cas, les chrétiens doivent s'opposer à ces déformations de l'œuvre de Dieu. Toutefois, cette opposition devrait toujours *soutenir* l'exercice correct et juste de la responsabilité. Par exemple, le totalitarisme politique devrait être combattu non en rejetant l'État en tant que tel (l'erreur de l'anarchisme), mais en rappelant l'État à sa tâche, ordonnée par Dieu, d'administrer la justice publique. Par exemple, les chrétiens ne devraient pas simplement se lamenter devant l'érosion de la famille, mais ils devraient défendre des mesures qui lui permettent de retrouver son rôle vital dans la société. Non seulement doivent-ils combattre au moyen d'une vision normative les entreprises qui exploitent leurs employés, mais ils doivent aussi promulguer des lois qui rendent illégaux les cas flagrants d'abus des entreprises (par exemple contre l'environnement) et qui offrent de bons incitatifs pour que les entreprises redressent leur façon de faire. Les chrétiens devraient s'engager activement pour que toute institution sociétale reprenne ses propres responsabilités, en empêchant toute interférence des autres. Cela aussi participe à la restauration de la création et à la venue du royaume de Dieu.

Le renouvellement personnel

L'agressivité. Jusqu'à présent, nous avons appliqué la distinction entre structure et direction de manière très large à la société en général. À cette étape, il serait utile de nous pencher sur quelque chose qui se rapproche plus de nos vies personnelles, à savoir nos émotions. Nous ne pouvons pas nier le fait que nos émotions sont personnelles et aussi très importantes. Nous aurions avantage à examiner comment les différentes visions du monde évaluent les émotions humaines, et plus spécialement, comment le dédain des Grecs pour les « passions » a eu une influence sur l'Église chrétienne. Pour notre propos, nous nous intéresserons à un aspect des émotions humaines, l'*agressivité*.

En règle générale, les gens considèrent qu'un comportement agressif (qui inclut la colère, la compétition et l'affirmation de soi) est soit mauvais, soit bon. Cette tendance est particulièrement manifeste chez les chrétiens. D'un côté, certains croyants condamnent toute marque d'agressivité et affirment que tout comportement agressif s'oppose aux idéaux bibliques de gentillesse et d'humilité, ainsi qu'au commandement central appelant à l'amour. Se défendre, insister sur un point particulier, combattre âprement pour gagner aux sports ou pour réussir dans les affaires, sont des attitudes au mieux tolérées. Et de nombreux chrétiens qui désapprouvent ces sortes d'agressivité font face à un sentiment de culpabilité lorsqu'ils expriment de la colère ou se comportent de manière agressive. De plus, ceux qui se méfient de l'agressivité ont tendance à voir les émotions humaines en général de la même manière. Ils s'efforcent de les faire disparaître ou de les contrôler, plutôt que de les exprimer librement et ouvertement. Ils considèrent que l'agressivité est un phénomène essentiellement rempli du péché, le résultat de la chute, et qui ne fait pas partie de l'ordre créé bon. Après tout, Jésus lui-même n'a-t-il pas établi un lien entre la colère et le commandement prohibant le meurtre ? (Mt 5.22) et Paul n'a-t-il pas classé les « querelles » parmi les œuvres de la chair (Ga 5.20) ? Une psychothérapie chrétienne qui se base sur cette approche cherche à amener le patient à ne plus ressentir le besoin de se mettre en colère ou de se montrer agressif.

D'un autre côté, certains chrétiens voient l'agressivité comme une fonction humaine naturelle essentielle à la santé émotionnelle. En tirant leurs idées de l'œuvre d'un éthologue comme Konrad Lorenz (dont le livre *L'agression : une histoire naturelle du mal* est devenu un classique), ils soulignent le fait que le comportement agressif peut jouer un rôle très positif dans le monde animal, où il sert à assurer la survie des espèces. Ils affirment que les êtres humains aussi ont en eux cet instinct naturel pour l'agressivité et qu'il ne doit pas être réprimé. Selon eux, si cet instinct est bloqué, il peut en résulter toutes sortes de névroses et de dysfonctionnements émotionnels. Ces chrétiens vont jusqu'à encourager les comportements agressifs, tout en affirmant que l'agressivité devrait être canalisée par des moyens socialement acceptés ou exprimée de manière à ne pas faire de tort à ceux qui sont l'objet de cette agressivité. Les psychothérapeutes de cette école, dont de nombreux chrétiens, encouragent leurs patients à exprimer leur colère et à se défendre lorsqu'ils ont affaire à d'autres personnes. Ils peuvent même leur recommander de suivre des formations sur l'affirmation de soi pour les aider à canaliser leur agressivité.

Il est évident que ces deux approches sont en contradiction. Ce qui est une maladie pour une école de pensée est le remède pour l'autre. Pourtant, des chrétiens sincères et dévoués se retrouvent dans chaque camp. Une vision du monde biblique nous permet d'éviter ce faux dilemme. Elle nous aide à formuler le problème différemment et, ce faisant, elle nous procure un moyen vraiment efficace pour aborder nos sentiments de manière pratique. Souvent, la manière de poser une question en détermine la réponse (ou la gamme des réponses possibles). Dans le cas de l'agressivité, la question implicite partagée par les deux parties au débat est la suivante : « L'agressivité est-elle bonne ou mauvaise ? » Cette question n'autorise que deux réponses, et comme ces deux réponses ne sont qu'à moitié vraies, elles sont, dans le meilleur des cas, trompeuses, et dans le pire des cas, fausses.

Si nous formulons la question selon la distinction entre structure et direction, elle se pose alors comme ceci : « Dans le cas de l'agressivité, qu'est-ce qui est lié à la structure et qu'est-ce qui est lié à la direction ? » Les réponses possibles sont désormais très différentes. Il existe une hypothèse sous-jacente à notre question, selon laquelle les réalités bibliques fondamentales que sont la création, la chute et la rédemption sont valables ici comme partout ailleurs. L'agressivité implique par conséquent des traits de notre nature humaine créée ainsi que des traits de la perversion (du moins potentielle) ou de la sanctification et de la restauration de cette nature en Jésus-Christ. Une analyse chrétienne abordant la question de l'agressivité en ces termes peut facilement prendre en compte les données éthologiques colligées par Lorenz et ses disciples, tout en rendant honneur aux Écritures qui, à plusieurs reprises, mettent en garde contre la colère et les conflits empreints de colère, et qui attribuent la colère à Dieu et le zèle à ces serviteurs.

Peu de psychologues chrétiens ont analysé explicitement l'agressivité selon la distinction entre structure et direction. Dans un article s'intitulant *Love and aggression* (L'amour et l'agressivité), le docteur Harry Van Belle affirme que « l'agressivité constitue un élément créé de la vie humaine. Les êtres humains sont agressifs les uns envers les autres parce que cela fait partie de leur structure ». Il souligne le fait qu'une certaine dose d'agressivité est essentielle à une bonne discussion, à une saine compétition ou à un jeu sain, pour prendre des initiatives, pour faire la cour à sa bien-aimée et même pour faire l'amour. Par ailleurs, Van Belle soutient que l'agressivité est souvent utilisée en réponse au péché, comme dans le cas des réprimandes et d'une indignation justifiée. « Le contraire de l'amour n'est pas l'agressivité, mais la haine », écrit-il. « L'agressivité peut être une chose que l'on utilise avec amour. Elle devient le contraire de l'amour si c'est une agressivité remplie de haine. »

L'agressivité remplie de haine constitue une déformation d'un don créationnel bon. La combattre ne signifie pas combattre le don, mais la déformation du don. Par conséquent, l'appel des chrétiens est de *sanctifier* l'agressivité, non de la *réprimer*. L'humilité et l'agressivité ne doivent pas être mises en opposition. Paul dit à Timothée que le serviteur du Seigneur doit être affable et patient, « Il doit *redresser* avec douceur les adversaires » (2 Ti 2.25). Ici, le verbe traduit en français par « redresser » (*paideuein*), en général traduit par « châtier » ou « punir », revêt une forte connotation d'agressivité.

Les chrétiens pourraient alors admettre que l'œuvre de Lorenz et d'autres éthologues nous éclaire réellement sur le statut créationnel de l'agressivité. Toutefois, Lorenz ne parvient pas à reconnaître que l'agressivité, particulièrement chez les humains, est prisonnière de l'antithèse religieuse. Dans l'agressivité, il existe une réelle distinction entre le bien et le mal. Le titre original allemand du livre de Lorenz en dit long à cet égard, *Das sogennante Böse* (« Le prétendu mal ») met en effet en évidence le fait que ce que nous avons l'habitude de nommer le mal n'est que la manifestation d'une pulsion agressive qui serait bonne et naturelle. Afin d'apprendre ce que Lorenz nous dit sur la *structure* créationnelle de l'agressivité humaine, il n'est nul besoin d'accepter le fait qu'il en élimine la *direction*. Vue sous cet angle, l'agressivité est un autre exemple de quelque chose qui est créé par Dieu et qui ne devrait pas être rejeté, « parce que tout est sanctifié par la parole de Dieu et la prière » (1 Ti 4.5).

Les dons spirituels. Aborder maintenant les dons charismatiques, c'est-à-dire les dons de l'Esprit, après avoir parlé de l'agressivité, peut sembler être tiré par les cheveux. Il existe cependant des similitudes entre les deux, dans la mesure où les deux sont fortement liés aux émotions humaines, et parce que la distinction entre la structure et la direction est aussi utile dans un cas comme dans l'autre. Malheureusement, ils sont aussi similaires en ce que les opinions les entourant sont polarisées, même si la controverse est encore plus intense dans le cas des dons spirituels.

Habituellement, ce que les gens appellent les « dons » correspond à des talents extraordinaires tels que le parler en langues, le don de prophétie et le don de guérison. Paul les décrit par le mot *charismata*, « dons gratuits » (1 Co 12). Aujourd'hui, il existe deux positions extrêmes entourant ces dons. L'une stipule qu'il existe des dons surnaturels qui sont intrinsèquement supérieurs à des dons plus communs comme la patience et la gentillesse, et que le chrétien qui les possède est revêtu d'un statut spirituel plus élevé. L'autre affirme que toutes les manifestations contemporaines des dons charismatiques sont, dans le meilleur des cas des bizarreries, et dans le pire des cas, fausses. Le parler en langues, par exemple, est considéré comme une forme de parler extatique étrange qui n'est ni surnaturelle, ni même réservée aux chrétiens. En tant que « phénomène naturel », il se classe parmi les catégories traditionnelles de la psychologie. La même chose est valable pour les dons de guérison et de prophétie. Aucun intermédiaire surnaturel n'est nécessaire pour expliquer ces dons extraordinaires.

Avant d'analyser ces points de vue contraires, il serait intéressant de regarder le mot *surnaturel* de plus près, puisqu'il apparaît bien souvent dans les discussions sur les dons spirituels. Le terme revêt plusieurs sens, qui impliquent tous l'idée que la « nature » est transcendée. Le mot *nature* peut signifier la « création » (dans lequel cas seul Dieu et ses actes peuvent être surnaturels), ou la « création terrestre » (dans lequel cas Dieu et les créatures célestes sont surnaturels), ou « le royaume du séculier » (dans lequel cas l'Église et les vertus chrétiennes sont surnaturelles). Par ailleurs, le mot *surnaturel* peut être compris comme s'appliquant non seulement à quelque chose qui transcende la « nature » (quelle qu'en soit la définition), mais aussi à quelque chose qui appartient à la « nature », tout en devant son existence a une quelconque puissance ou influence extraordinaire qui se situe en dehors de la nature. Je considère que les dons de l'Esprit sont « surnaturels » dans ce dernier sens, et non dans le sens selon lequel ils transcendent la réalité créée.

Si nous donnons au mot *surnaturel* le sens de « au-dessus de la création terrestre », je crois que, si l'on se base sur la distinction entre la structure et la direction, les dons charismatiques ne sont, en aucune manière, surnaturels. Ils appartiennent plutôt à la nature de la terre créée bonne par Dieu. Ils sont des dons de l'Esprit tout comme l'amour, la joie et la paix le sont, mais ils n'apportent rien de plus à ce que Dieu avait prévu pour sa création terrestre depuis le commencement. Ils sont par conséquent tout à fait « naturels ». Ils sont comme la foi. Seule une personne régénérée par l'Esprit peut avoir la foi (la vraie foi, c'est-à-dire la foi en Jésus-Christ), mais cette régénération ne rend pas la foi étrangère au dessein originel du Créateur. Et tout comme la foi, en tant que fonction humaine générale, n'est pas inconnue en dehors du corps de Christ (bien qu'elle y soit toujours mal orientée), les dons charismatiques ne sont pas inconnus en dehors du christianisme (bien qu'ils y soient mal orientés et qu'on en abuse). En tant que possibilités créationnelles, les *charismata* manifestent des traits structurels. En tant que serviteurs du royaume de Dieu ou du monde, ils manifestent des traits directionnels.

L'importance de ce qui vient d'être dit réside dans le fait que les dons spirituels se situent, de manière fondamentale, sur un pied d'égalité avec les autres dons. Autrement dit, tous les dons humains animés par l'Esprit de Dieu pour l'édification de l'Église et pour la venue de son royaume sont, de la même manière, des dons *spirituels*. Le don des langues est un don grand et glorieux (s'il est utilisé de manière appropriée), mais il en va de même pour le don de l'intelligence (avec la même précaution) et le don d'administration. En fait, Paul mentionne expressément le don d'administration comme *charisma* dans 1 Corinthiens 12.28. Dans 1 Pierre 4.9-11, Pierre utilise le même mot lorsqu'il parle de dons « ordinaires » comme l'hospitalité et le « service » (probablement le service aux tables). Tous les dons humains et toutes les compétences humaines peuvent se développer sous l'influence régénératrice et sanctifiante de l'Esprit Saint pour la gloire et le service de Dieu. Lorsqu'ils sont animés par l'Esprit, tous sont des dons charismatiques. Ce peut être des choses comme les habiletés sociales, avoir le tour avec les enfants, avoir de la facilité à communiquer, le savoir-faire en mécanique, ou quoi que ce soit d'autre. Il peut y avoir des degrés d'importance ou de splendeur parmi les dons, mais ils peuvent tous être qualifiés de « charismatiques » ou « spirituels » s'ils sont dirigés vers la rédemption, la sanctification et la réconciliation en Christ.

Cela ne veut pas dire que tout le monde peut posséder tous ces dons charismatiques, comme le parler en langues et le don de guérison. Il est certain que nous ne pouvons les posséder tous au même degré. Tout comme nous n'avons pas tous la bosse des maths, ou un talent pour l'administration, et ce, quel que soit notre niveau de sainteté ou de formation, nous pouvons supposer que tout le monde n'est pas, de manière naturelle, doué des dons charismatiques les plus spectaculaires. D'un autre côté, les dons sont peut-être beaucoup plus répandus que nous ne le pensons aujourd'hui. Ce qu'il faut donc bien comprendre, c'est qu'ils ne sont pas surnaturels, c'est-à-dire qu'ils ne sont pas étrangers à la réalité quotidienne que Dieu a créée pour nous.

Ce point de vue ne constitue ni un dénigrement des dons ni une capitulation devant l'enthousiasme irrationnel. Il s'agit plutôt du refus d'accepter le dilemme actuel. Il vise à expliciter la distinction biblique, utile pour la pensée chrétienne, entre la création et les revendications de Satan et du Christ sur la création. Nous devons tous chercher à développer les dons que Dieu nous a donnés, en n'oubliant pas que le plus grand d'entre eux, c'est l'amour.

La sexualité. La sexualité humaine est une autre question, très sensible, autour de laquelle les opinions sont polarisées dans notre société. Nous voyons ici aussi que les positions extrêmes ont influencé la réflexion de la communauté chrétienne et qu'il est nécessaire de surmonter les faux dilemmes.

D'un côté, il y a le point de vue (souvent présenté de manière erronée comme la position chrétienne traditionnelle) selon lequel la sexualité est intrinsèquement mauvaise et qu'elle devrait être évitée autant que possible. Certains croient que, bien qu'elle puisse être indispensable pour la perpétuation de la race humaine, elle constitue simplement un mal nécessaire, qu'on ne devrait pas trouver de plaisir dans la sexualité et que l'enseignement biblique sur la sanctification ne la concerne pas. Cette attitude négative envers le sexe, qui s'exprime par la pruderie, par les tabous et par la répression, est parfois qualifiée (quelque peu injustement) de

« puritaine » ou de « victorienne ». Il est évident qu'une telle attitude n'est pas très biblique.

De l'autre côté, la sexualité est glorifiée comme donnant le vrai sens de la vie et permettant la réalisation personnelle. En réaction à la position victorienne, le monde occidental, dans sa vaste majorité, en est venu, depuis plusieurs décennies et de manière inconditionnelle, à voir la sexualité comme un bien. L'argument avancé est que les relations sexuelles sont intrinsèquement et inconditionnellement bénéfiques, qu'elles aient lieu dans le cadre du mariage ou en dehors de celui-ci, qu'elles soient hétérosexuelles ou homosexuelles, qu'elles soient ancrées dans une réelle relation ou non. Briser les normes traditionnelles est vu comme une libération. La sexualité est considérée comme un instinct fondamental et naturel, et si cet instinct est frustré, il en résulte des névroses invalidantes et des inhibitions.

Comme souvent dans ce genre de clivage, chaque camp a à moitié raison et par conséquent se trompe sérieusement. Les chrétiens qui pensent être confrontés à ce dilemme (choisir entre le dénigrement ou la glorification de la sexualité humaine) commettent assez souvent l'erreur de chercher une « troisième voie », une position éthique qui leur permettrait d'éviter les extrêmes. Cependant, le défi pour les chrétiens, c'est qu'ils doivent surmonter le faux dilemme qui engendre les extrêmes. Une fois de plus, la question n'est pas : « la sexualité est-elle fondamentalement bonne ou mauvaise ? », mais plutôt : « dans la sexualité humaine, qu'est-ce qui relève de la structure et qu'est-ce qui relève de la direction ? » Si la structure et la direction deviennent les catégories de référence, il est alors possible de *défendre* la sexualité sans réserve et de *combattre* la perversion dont elle est victime avec une conviction et une vigueur égales.

Dans son livre *Sex for Christians* (La sexualité expliquée aux chrétiens), Lewis B. Smedes nous propose une discussion utile sur la sexualité, en reprenant ces mêmes catégories. Il situe de manière explicite la sexualité dans le contexte des thèmes bibliques que sont la création, la chute et la rédemption. Il applique ainsi, implicitement, la distinction entre structure et direction. La première partie de son livre « parle de la sexualité humaine, de sa nature créée parfaite, de ses perversions empreintes du péché et de son potentiel racheté ». Cette idée apparaît dans le titre des chapitres qui traitent de ces trois aspects : « Réjouissons-nous et soyons heureux dans la sexualité », « La sexualité déformée » et « Le salut et la sexualité ». Smede exprime cette perspective tout à fait biblique de manière succincte et incisive :

> La grâce ne détruit pas la nature, et elle ne méprise pas non plus ce que Dieu a fait. La création et la grâce ne sont pas opposées dans l'esprit de Dieu. *La rédemption restaure ce que nous avons corrompu et déformé, y compris ce que nous avons déformé dans notre sexualité.* Mais la rédemption ne cherche pas à nous détourner de la sexualité ; elle met plutôt en lumière sa nature bonne[2].

Ou, poursuit-il, « La découverte de la grâce, c'est la découverte de la perfection de la création, mais aussi de la perversion du péché ». Si nous reformulons cette phrase avec les termes que nous avons utilisés jusqu'à présent, nous pouvons dire que la grâce en Jésus-Christ nous permet de saisir la structure et la direction.

Quelques questions subsistent cependant. Dans la sexualité, qu'est-ce qui relève de la structure et qu'est-ce qui relève de la direction ? Quel est le dessein créationnel de Dieu pour la sexualité et quelles sont les perversions que nous devons combattre par

---

2. Lewis B. Smedes, *Sex for Christians* [La sexualité expliquée aux chrétiens], Eerdmans, Grand Rapids, 1976, p. 104 (italiques pour souligner).

la puissance de l'Esprit ? La réponse n'est pas aisée. Il est évident que les Écritures sont assez claires sur certains points essentiels : la sexualité humaine a été conçue par Dieu dans le cadre du mariage hétérosexuel et d'une relation empreinte d'amour; tout ce qui s'écarte de ce modèle est fermement condamné (la bestialité, les relations homosexuelles, l'adultère, la prostitution et la convoitise sexuelle dénuée d'amour). Mais qu'en est-il des pratiques comme les caresses, la masturbation ou les fantasmes sexuels ? La Bible n'aborde pas explicitement ces questions. Ici, le jugement des chrétiens doit être guidé par l'Esprit. Il s'agit d'une zone grise éthique où le discernement spirituel et une réflexion approfondie sur la nature humaine doivent avoir la première place.

La difficulté à discerner la révélation créationnelle dans certaines situations nous pousse à faire deux remarques générales qu'il faut garder à l'esprit lorsque nous appliquons la distinction entre structure et direction à un phénomène donné, quel qu'il soit. Nous avons déjà parlé de la première de ces remarques lors de notre discussion sur la création. Selon celle-ci, lorsque nous tentons de discerner les schémas normatifs de la création, l'Écriture (les plans de l'architecte expliqués verbalement par ce dernier) est notre seul et indispensable guide. En effet, les études de psychologie sociale ne nous disent pas, par exemple, que le Créateur ne nous a pas faits pour des relations en dehors du mariage. Bien que l'ordre de la création permette à la majorité des cultures d'être conscientes du lien normatif qui existe entre le mariage et la sexualité, nous avons toujours besoin des Écritures pour expliciter ce lien. Seules les Écritures nous permettent de discerner ce qui est normatif dans le dédale des études psychologiques et sociologiques sur les mœurs sexuelles dans différentes cultures. Ce principe s'applique aussi lorsqu'il s'agit de discerner le caractère perverti de la bestialité ou de l'homosexualité. Bien qu'il soit peut-être plus facile de lire le dessein créationnel dans ces deux derniers cas, sans l'expression claire de ces prescriptions en langage humain, toute société, comme la société très cultivée de la Grèce antique (voir Platon et Socrate), pourrait voir l'homosexualité comme faisant partie du courant naturel des choses. La perception qu'avaient les Grecs de la structure de la sexualité humaine était fortement déformée, parce qu'il leur manquait la lumière des Écritures.

La seconde remarque concerne les incertitudes et les ambiguïtés qui entourent toute interprétation de la création dans des domaines où les Écritures ne donnent aucune indication explicite ou détaillée. Comme nous l'avons indiqué lors de notre discussion sur la création, ce problème est comparable à celui du « discernement » personnel lorsque nous considérons un « appel ». Il n'existe aucune réponse facile ou évidente dans ce domaine, même si nous pouvons trouver certains indices dans la Bible. Ce que je veux dire ici, c'est que la pertinence de la distinction entre structure et direction ne réside pas tant en ce qu'elle donne des *réponses* (faciles ou non), mais en ce qu'elle suggère des *questions* fondées sur la Bible. L'approche structure-direction n'est pas une formule magique permettant de découvrir la bonne réponse chrétienne à des problèmes culturels et éthiques complexes. Elle fournit plutôt un angle d'attaque ; elle ouvre la voie à la recherche par sa façon d'examiner la perspective révélée du Créateur sur les choses.

Par conséquent, même dans le champ confus de l'éthique sexuelle, n'abandonnons pas la recherche du chemin que Dieu veut que nous empruntions, mais ne déclarons pas non plus que les questions entourant la sexualité sont éthiquement neutres ou insignifiantes. L'enseignement général de la Bible (la création, la chute et la rédemption), les instructions bibliques particulières au domaine de la sexualité (par exemple le fait que l'hétérosexualité constitue la norme créationnelle) et l'expérience acquise par une sagesse ancrée dans la crainte du Seigneur (ceci peut inclure les résultats de la recherche scientifique), doivent tous trois nous servir de guide. Avec ces balises, le chrétien doit rechercher les voies du Seigneur en exerçant un discernement spirituel dans le contexte commun du corps de Christ. Comme dans toutes recherches, cette quête implique une certaine dose d'essais et d'erreurs, mais ici encore, nous devons suivre l'exhortation de Paul : « mettez en œuvre votre salut avec crainte et tremblement... car c'est Dieu qui produit en vous le vouloir et le faire, selon son bon plaisir » (Ph 2.12,13).

Appliquons cette approche à la question des fantasmes sexuels. Il semble juste de dire que l'imagination en tant que telle constitue une part importante de l'œuvre de Dieu, tout comme la joie qu'éprouve un homme observant une femme séduisante, et vice versa. En eux-mêmes, ces dons font partie de la bonne création de Dieu, « qui nous donne avec abondance toutes choses pour que nous en jouissions » (1 Ti 6.17). Ces dons font partie de notre caractère créationnel. Parallèlement, le Christ nous enseigne que le septième commandement ne s'attaque pas uniquement aux relations extra-conjugales, mais aussi à « quiconque regarde une femme pour la convoiter » (Mt 5.28). En effet, il est possible de commettre un adultère dans notre cœur. L'imagination aussi peut être facilement pervertie et elle a besoin d'un renouvellement rendu possible en Jésus-Christ. Comme dans toutes choses, c'est précisément dans et à travers leurs luttes contre l'œuvre de Satan que les chrétiens sont appelés à mettre leur volonté et leurs actions au service de l'œuvre de Dieu dans leur vie. Les fantasmes sexuels aussi doivent être sanctifiés. Il est grand temps que la communauté chrétienne entame une réflexion sur une éthique de l'imagination, qui serait une réflexion fondée sur la perfection et la structure créationnelles de l'imagination et sur la conscience des effets du péché et de la grâce sur l'imagination.

La sexualité humaine, qui fait partie de la bonne création de Dieu, doit être défendue et acceptée avec reconnaissance. Si la perversion sexuelle (quelle qu'elle soit) doit être combattue vigoureusement (les Écritures sont intraitables sur ce point), la bataille ne doit être engagée qu'avec le but de *soutenir* la création. L'immoralité sexuelle doit être combattue non pour réprimer la sexualité, mais pour mettre en avant sa vraie gloire. C'est comme frotter un vêtement pour en enlever la saleté accumulée. Cette activité peut paraître négative. Pourtant, si l'on prend en compte la beauté intrinsèque du vêtement, cette activité est, en fait, positive. La sexualité rachetée participe à la beauté intrinsèque de la sainteté. Nous pouvons donc l'apprécier pleinement et la célébrer pour la gloire de Dieu.

La danse. D'une certaine manière, la question de la danse est comparable à celle de la sexualité. La tradition chrétienne a souvent eu une attitude négative envers la danse sociale (comme la danse que l'on pratique entre amis), voire le ballet ou la danse folklorique. Cette attitude a caractérisé les Églises qui ont suivi le sillage de Jean Calvin, qui condamnait lui-même sans ambages la danse. La raison qu'il invoquait était que la danse éveille les passions et invite à la promiscuité.

La « Christian Reformed Church in North America », une église de confession calviniste dont je suis membre, a adopté une attitude négative envers la danse pendant la majeure partie de son histoire. Dans nos communautés, la danse a longtemps été considérée comme un « divertissement du monde » et par conséquent était prohibée. Toutefois, la position officielle de l'Église a récemment changé, sur la base d'un excellent rapport de l'église intitulé « Dance and the Christian Life » (La danse et la vie chrétienne) et élaboré selon le modèle *création-chute-rédemption*. Même si le rapport n'énonce pas les termes *structure* et *direction*, il utilise néanmoins ces concepts afin de surmonter le dilemme malsain entre ce qui « est du monde » et ce qui « n'est pas du monde » dans le domaine de la danse. Le rapport pose correctement le problème de la manière suivante :

> Nous devons trouver des réponses à ces questions : 1) Qu'est-ce qui, dans la danse, se rapporte à la création et par conséquent reflète un don de Dieu ? 2) Quel est l'impact de notre condition déchue sur la danse ? et 3) Les chrétiens doivent-ils chercher à racheter ce domaine et si oui comment ? Si nous ne gardons pas ces questions en tête, nous risquons de condamner ce qui est légitime dans notre zèle pour rejeter le mal. Nous risquons aussi d'épouser ce qui est corrompu dans notre désir de rendre justice au bien. Le danger est de rejeter, au nom de la chute, ce qui relève de la création, et d'accepter, au nom de la création, ce qui est déchu[3].

Selon la terminologie que nous avons utilisée jusqu'à présent, nous pourrions dire que la distinction entre la structure et la direction est indispensable si nous voulons éviter les faux arguments qui brouillent souvent la pensée chrétienne sur ce sujet. Dans la danse, qu'est-ce qui relève de la structure ? De prime abord, presque tout. Les mouvements du corps font clairement partie de la bonne création de Dieu, tout comme le rythme, la musique et les interactions sociales. Comme nous pouvons le voir dans de nombreux passages de la Bible concernant la danse, le Créateur nous a pourvus du don de pouvoir utiliser ces choses dans le cadre des célébrations et des divertissements. Par ailleurs, rien ne semble aller à l'encontre

---

3. Christian Reformed Church in North America, *Dance and the Christian Life* [La danse et la vie chrétienne], trad. libre, 1982.

de la création lorsque deux personnes dansent ensemble, puisque toute célébration est sociale par nature. En tant que telle, la danse semblerait être une activité délicieuse, saine, plaisante et exaltante, pour laquelle nous pouvons remercier Dieu.

Malheureusement, il n'y a à peu près rien que les êtres humains ne peuvent corrompre. À cet égard, la danse n'est pas à l'abri des impacts du péché humain. Lorsque nous regardons les danses dites sociales, la perversion devient évidente si la danse occasionne, de manière intentionnelle ou non, une excitation sexuelle, de l'agressivité ou la promiscuité. Ceci ne signifie pas que toute connotation sexuelle dans la danse est mauvaise, pas plus que dans le domaine de la mode, du sport ou des arts dramatiques. Cependant, lorsque l'élément « attirance sexuelle », légitime et agréable dans toute relation entre les deux sexes, constitue l'élément principal, la danse s'apparente aux préliminaires sexuels réservés seulement au mariage. Si l'on ajoute à cela le port de vêtements provocants, une musique et des paroles suggestives, un éclairage hypnotique et la consommation d'alcool et de drogues, ce type de danse est carrément païen. Par ailleurs, notons que l'élément « suggestivité, ou provocation sexuelle délibérée » est aussi présent dans des formes de danses plus distinguées ou plus raffinées. C'est cette perversion du don de la danse (par essence bon) qui a mené certains penseurs chrétiens, à l'instar de Jean Calvin, à rejeter toutes formes de danse.

Tout phénomène culturel peut être tellement perverti, dans un contexte historique donné, que les chrétiens doivent user de sagesse afin de ne pas tomber dans le piège. La profession d'acteur au temps de l'Église primitive en est un bon exemple. Au IIIe siècle de notre ère, du temps du père de l'Église Cyprien, la scène romaine était devenue tellement corrompue (les relations sexuelles faisant partie du programme normal), que tous les acteurs qui se convertissaient au christianisme étaient contraints d'abandonner leur profession. Dans la mesure où, dans notre société, certaines formes de danses sont devenues l'expression culturelle de l'hédonisme, les chrétiens devraient peut-être les éviter complètement. Cependant, ne rejetons pas la danse en tant que telle, puisque la danse participe toujours à la bonne création de Dieu. Tout ce qui est créé par Dieu est bon et est racheté par Jésus-Christ. La question n'est alors pas « Ce domaine appartient-il aussi au Christ ? » Plutôt, elle se pose en ces termes : « Quelle est la manière la plus efficace de réformer et de sanctifier cette sphère de notre vie ? »

Les lignes directrices suivantes sont très simples et permettent de répondre à la question : 1) évitez de danser dans un contexte « mondain », en ce sens que c'est le service de Satan et non le service du Christ qui domine ; 2) portez une attention particulière aux mouvements, à la musique et aux paroles et choisissez ceux qui honorent Dieu ; 3) demandez à des danseurs chrétiens dotés de toutes les qualités de faire des démonstrations et d'enseigner des styles de danses expérimentaux inspirés par le principe de la réformation ; 4) formez des groupes d'étude ou de discussion sur l'histoire de la danse et sur les bons et mauvais côtés des danses contemporaines ; 5) développez des façons de danser autres que le schéma classique un homme-une femme ; et, 6) finalement, explorez la possibilité d'une danse liturgique qui permette d'apprécier le potentiel positif de la danse.

Toutes ces suggestions ne sont que quelques exemples de la façon dont les chrétiens peuvent apprendre à discerner la structure et la direction dans la danse, dans le but de combattre la maladie et de défendre la santé. Le Seigneur de toute la création est aussi le Seigneur de la danse, et le royaume de Dieu ne parviendra pas à sa complétude sans la réformation de cette sphère de la célébration et du divertissement humain.

CONCLUSION

Nous pourrions multiplier les exemples de problèmes ou de questions dans notre culture contemporaine qui peuvent être abordés selon une perspective biblique en utilisant les catégories de structure et de direction. La technologie et l'éducation sont des exemples auxquels on pourrait penser.

Pour conclure ce petit livre, il faut répéter que la vision biblique du monde ne donne pas de réponses, ni même de recettes pour trouver des réponses à la plupart des problèmes complexes auxquels nous sommes confrontés dans notre culture contemporaine. Toutefois, elle nous équipe pour que nous soyons capables de formuler la question, de poser le problème (*Problem-stellung* comme le disent les penseurs allemands) en termes distinctement et spécifiquement bibliques. Aborder les phénomènes du monde en utilisant les catégories structure et direction, c'est voir la réalité à travers le verre correcteur des Écritures qui, partout, parlent de la bonne création et du drame de sa réhabilitation par le Créateur en Jésus-Christ. Ce sont précisément ces deux thèmes, qui établissent les bases d'une pensée authentiquement biblique, qui ont été dénigrés et marginalisés par la tradition humaniste dominante qui a façonné la civilisation occidentale depuis la Renaissance. En rétablissant ce double accent, en un mot la re-création cosmique en Jésus-Christ, en tant que fondement de notre analyse et à notre réflexion chrétienne, nous pourrons voir le monde d'une manière nouvelle, en rejetant les catégories humanistes qui conditionnent toute interprétation. Ce regard nouveau ne nous donne pas de réponses faciles, mais il nous propose des réponses *saines*, pour autant que le travail d'observation attentive et de profonde réflexion ait été fait. Les Écritures ne fournissent aucun raccourci qui permettrait de contourner la recherche et la réflexion. Cependant, elles établissent des paramètres sûrs et dignes de foi pour savoir comment une telle recherche et une telle analyse peuvent être profitables.

Il convient de dire un dernier mot sur le lien entre vision du monde et philosophie. Ce sujet nous amène dans le domaine des investigations théoriques et des entreprises scientifiques. Si une vision du monde veut avoir une vraie pertinence académique (c'est-à-dire, pour que les catégories de base d'une vision du monde donnée deviennent utilisables et pratiques dans le cadre des disciplines scientifiques, prises dans le sens général du *Wissenschaft* des Allemands, qui comprend tant les sciences humaines que les sciences sociales et naturelles), elle doit laisser sa marque dans l'élaboration de catégories propres à la philosophie. Toutes les disciplines académiques sont confrontées, en ce qui a trait à leurs fondements, à des questions de nature philosophiques (concernant par exemple le statut des universaux, le problème de la liberté et du déterminisme ou la justification des croyances). Les réponses que les scientifiques donnent, explicitement ou implicitement, à ces questions dépendent de catégories philosophiques elles-mêmes façonnées par une vision du monde sous-jacente qui est encore plus fondamentale chez eux. Nous pouvons donc dire que la vision du monde influence la recherche par le biais des catégories philosophiques.

Cette dernière déclaration est forte et les limites de ce livre ne nous permettent pas de l'expliquer et de la défendre. Mon propos est simplement de montrer que la vision du monde réformatrice que nous venons d'étudier appelle à une philosophie réformatrice qui puisse établir des ponts entre les idées fondamentales d'une perspective biblique et le travail de terrain d'une philosophie systématique qui est pertinente pour les disciplines universitaires. Je pense par exemple à la philosophie réformatrice des penseurs néerlandais D. H. T. Vollenhoven et Herman Dooyeweerd, qui ont chacun à leur manière cherché à développer une philosophie chrétienne basée sur une vision biblique du monde, dans le but de poser les fondements d'une réformation chrétienne de toute l'entreprise scientifique. Dans un sens, ce livre se veut une introduction à cette philosophie chrétienne et au programme de renouvellement académique qui lui est associé.

Cependant, les disciplines universitaires, incluant la philosophie, ne constituent qu'un domaine de la vaste étendue de la création de Dieu. Il n'y a pas que les enseignants et les étudiants des universités qui peuvent tirer profit d'une réflexion explicite sur la perspective que l'Évangile apporte pour le monde. Tout chrétien consciencieux, quel que soit le domaine où il est appelé à exercer sa responsabilité, doit prendre au sérieux la question de la vision biblique du monde et doit orienter sa pensée et ses actes en conséquence. Ignorer la question, c'est nier la pertinence pratique des Écritures pour un grand pan de notre vie de tous les jours.

POSTFACE

La vision du monde : entre récit et mission
MIKE GOHEEN & AL WOLTERS

La création retrouvée est né dans des circonstances historiques particulières. À l'origine, le livre a été écrit pour donner un fondement biblique et les bases d'une vision du monde pour un cours de philosophie chrétienne qu'Al Wolters a donné dans les années 1970 à l'Institute for Christian Studies (ICS) de Toronto. De nombreux étudiants de l'ICS ne connaissaient pratiquement pas la tradition réformée qui avait donné naissance à l'institut. Il leur manquait donc la compréhension de la vision biblique du monde à la base de la tradition philosophique réformatrice qui leur était présentée. Avant d'approfondir cette philosophie, il fallait énoncer quelques-uns des principaux postulats concernant la vision biblique du monde sur lesquelles le cours était basé.

Depuis sa première publication en 1985, *La création retrouvée* a été très utilisé et traduit dans bon nombre de langues différentes. Pourtant, étant largement utilisé hors de son contexte d'origine, le livre a parfois été mal compris. Même s'il est mentionné clairement dans le livre que celui-ci a été écrit à l'origine pour servir d'introduction au cours de philosophie de D. H. T. Vollenhoven et de H. Dooyeweerd, ce détail a souvent été ignoré. Ainsi, ce livre a été lu comme s'il constituait un exposé complet de la perspective biblique sur la vie et le monde alors qu'en réalité, il s'intéresse surtout à ce que nous pouvons appeler « les éléments structurants » d'une telle perspective, dans la mesure où ces éléments étaient pertinents pour le développement d'une philosophie chrétienne systématique. En conséquence, certains aspects fondamentaux d'une perspective tout à fait biblique, comme le caractère narratif de l'Écriture ou l'importance de la mission, n'ont pas été abordés.

À l'occasion du vingtième anniversaire de ce livre, nous ajoutons un dernier chapitre dont l'objectif est d'aborder ce problème. Nous proposons ici de développer certains de ces thèmes que nous avions négligés, afin de situer les assertions fondamentales de *La création retrouvée* dans le contexte biblique plus large.

Il faut commencer par l'Évangile

En tant que disciples de Jésus-Christ, notre façon de penser, y compris notre vision du monde, doit commencer avec la bonne nouvelle fondamentale de la religion biblique, à savoir l'Évangile de Jésus-Christ. Lorsque Jésus apparaît sur la scène mondiale, il proclame que le pouvoir de restauration du royaume de Dieu a fait son entrée dans la création de manière décisive. Il proclame la Bonne Nouvelle au moment clé du récit de l'œuvre rédemptrice de Dieu (l'histoire de la rédemption), telle qu'elle est racontée dans l'Ancien Testament. Ce récit remonte à la promesse originelle de Dieu à Adam et Ève. L'Évangile annonce que la puissance de Dieu est désormais par l'Esprit à l'œuvre en Jésus-Christ afin de renouveler la création entière. Cette puissance libératrice se manifeste dans la vie et les actes de Jésus et est expliquée par ses paroles. Par sa mort sur la croix, il combat le pouvoir de Satan et remporte la victoire finale. Par sa résurrection, il entre dans la vie ressuscitée de la nouvelle création comme le « premier-né d'un grand nombre de frères ». Avant son ascension, il envoie ses disciples continuer sa mission, celle de faire connaître l'Évangile en attendant son retour. Il règne désormais à la droite de Dieu sur toute la création et, par son Esprit, il annonce son autorité vivifiante et complète à travers son peuple qui incarne et proclame la Bonne Nouvelle. Un jour, tout genou fléchira et toute langue confessera que Jésus est le Créateur, le Rédempteur et le Seigneur. En attendant ce jour, l'Église est appelée à participer à l'œuvre de l'Esprit qui consiste à faire connaître la bonne nouvelle du royaume.

Après ce résumé des éléments de base de l'Évangile, il convient de faire quelques observations importantes pour notre discussion. Premièrement, l'Évangile est une *puissance* qui réoriente. Il ne s'agit pas en premier lieu de doctrine ou de théologie, ni de vision du monde, mais de la puissance rénovatrice de Dieu en vue du salut. L'Évangile est l'instrument de l'Esprit de Dieu pour restaurer toute la création.

Deuxièmement, l'Évangile *restaure*, c'est-à-dire que Jésus annonce la restauration de la création affectée par le péché. Par conséquent, l'Évangile parle de manière fondamentale de la création, de la chute et de la rédemption. La proclamation que Jésus fait de l'Évangile constitue un « oui » retentissant à sa bonne création et en même temps un « non » décisif au péché qui l'a pervertie. Dans l'histoire de l'Église, la rédemption a souvent été mal comprise : on a souvent pensé que son objectif était de *nous sauver de* la création, au lieu de *sauver la* création. Mais l'élément clé de l'Évangile, c'est que la création elle-même est visée par le salut que l'Évangile annonce.

Troisièmement, l'Évangile a une portée *exhaustive*. L'Évangile que Jésus proclame, c'est l'Évangile de la royauté universelle de Jésus. Paradoxalement, bien que la royauté universelle de Jésus (« le Royaume des cieux ») ait constitué le cœur de la proclamation et du ministère de Jésus, elle a souvent été mal comprise et vue comme partielle. Sa portée a parfois été limitée à la seule humanité, ou même aux âmes humaines. Selon les Écritures, le royaume c'est le règne de Dieu sur toute sa création. Le royaume met en exergue la nature tout englobante du salut que Jésus incarne, annonce et accomplit. L'Évangile est la puissance de Dieu par laquelle le Christ exalté, sur la base de sa mort et de sa résurrection, restaure *toute la vie* par son Esprit pour qu'elle soit assujettie à son autorité et à sa parole.

Quatrièmement, Jésus et la bonne nouvelle qu'il annonce constituent l'accomplissement du long *récit* qui se déroule dans l'Ancien Testament. Jésus est né au sein d'une communauté juive qui cherchait le point culminant du long récit des précédents actes rédempteurs de Dieu. Tous les Juifs savaient que ce récit conduirait au point culminant, le moment où Dieu agirait une fois pour toutes pour finalement racheter le monde. Même s'ils n'étaient pas d'accord entre eux sur l'identité du sauveur, sur la façon dont la rédemption serait effectuée, sur le moment de la rédemption et sur la manière de vivre en attendant, ils reconnaissaient tous que le récit des actes rédempteurs de Dieu se dirigeait vers son accomplissement. Jésus annonce qu'il est l'objet de cette histoire de la rédemption. Par conséquent, afin de comprendre l'Évangile de Jésus nous devons envisager Jésus dans le contexte du récit de l'Ancien Testament (voir Lu 24.25-27). D'un autre côté, afin de comprendre correctement le récit biblique, nous devons le lire à travers Jésus et l'Évangile (voir Jn 5.36,37 et Lu 24.44,45). Non seulement Jésus représente-t-il le point culminant du récit, mais il en pointe la fin. La fin n'est pas encore arrivée (Ac 1.6,7). L'attention que nous portons à Jésus nous oriente à la fois vers le récit raconté dans l'Ancien Testament (passé) et vers la fin du récit (futur).

Dernière observation : l'*Église*, le peuple de Dieu, est essentielle à l'Évangile. En effet, en décidant comment communiquer la Bonne Nouvelle aux nombreuses et différentes cultures de tous les siècles, Jésus n'a pas écrit (comme Mahomet) de livre. Plutôt, il a formé une *communauté* qui devait être porteuse de cette Bonne Nouvelle. L'identité de cette communauté est définie par sa mission (le fait qu'elle est envoyée par Jésus) qui consiste à faire connaître la bonne nouvelle du royaume.

Les premiers chapitres de ce livre ont expliqué l'Évangile selon sa nature restauratrice et sa portée universelle. Nous avons ainsi élaboré une doctrine de la création, du pouvoir dénaturant du péché sur toute la création, de la nature restauratrice et de la portée universelle de la rédemption. Voici ce qu'il nous reste à faire dans ce chapitre : 1) décrire comment cette vision du monde doit être comprise dans le contexte du récit biblique global ; 2) clarifier l'importance de la conscience de notre place dans le récit biblique ; et 3) expliquer les liens qui existent entre d'une part la vision du monde, ou l'élaboration des catégories de base du récit biblique, et d'autre part la puissance rénovatrice de l'Évangile et la mission de l'Église de faire connaître la Bonne Nouvelle.

Le récit biblique

La Bible raconte un seul récit, des origines de toutes choses dans Genèse 1 à l'accomplissement de toutes choses dans Apocalypse 22. En quelque sorte, le récit biblique peut être comparé à une pièce de théâtre se déroulant en six actes. Dans *l'acte premier*, Dieu crée le monde pour qu'il soit son royaume. Son intention initiale pour la création est révélée et il la décrit comme très bonne (Ge 1). Les êtres humains sont créés à l'image de Dieu afin de développer et de s'occuper de la création en communion avec Dieu (Ge 1.26-28 et 2.15).

Dans *l'acte deux*, toute la bonne création de Dieu, y compris toute la vie humaine, est contaminée par la rébellion humaine (Ge 3). Une tension émerge alors dans le récit entre le caractère bon de la création et le mal qui la ronge. Cette tension doit être résolue.

Dans *l'acte trois*, Dieu annonce la solution : il écrasera le péché et les effets désastreux découlant de la rébellion d'Adam et Ève (Ge 3.15). Il choisit et forme un peuple particulier ayant pour mission d'être porteur de son dessein rédempteur pour le monde (Ge 12.1-3 ; Ex 19.3-6). Ce peuple est appelé à être une communauté qui incarne le dessein créationnel originellement bon de Dieu pour la vie humaine. Il est placé sur terre pour être une lumière pour toutes les nations, ainsi que le canal de la puissance rédemptrice de Dieu pour tous les peuples. Dieu lui donne la loi, le système sacrificiel, des dirigeants appelés à être prêtres, rois et prophètes, et bien plus encore, tout cela pour entretenir une vie qui soit tournée vers le dessein de Dieu pour tous les peuples. Le dessein de Dieu semble échouer parce que le pouvoir du péché s'enracine trop profondément dans le cœur d'Israël, et il est dominé par les ténèbres de ses voisins païens. Cependant, par les prophètes, Dieu promet qu'un Sauveur futur inaugurera, sous la puissance de l'Esprit, un royaume universel et éternel. Le monde sera renouvelé et le péché et ses effets seront anéantis pour toujours.

Dans *l'acte quatre*, la promesse s'accomplit lorsque Jésus de Nazareth entre en scène. Il annonce qu'il est envoyé afin de réaliser les attentes d'Israël et d'accomplir l'appel d'Israël en apportant le salut de Dieu à un monde brisé (Lu 4.18,19). Il annonce que le royaume de Dieu est arrivé, que la puissance de Dieu par l'Esprit est désormais présente en lui pour libérer et rétablir la création (Mc 1.14,15 ; Mt 12.28). Sa vie révèle et manifeste le royaume. Il rassemble Israël pour que ce dernier soit un point de ralliement pour toutes les nations. Sa mort accomplit la victoire du royaume. Sa résurrection garantit la réalité du royaume.

Avant que le Christ ressuscité ne monte au Père, il rassemble ses disciples (le noyau d'un Israël fraîchement rassemblé), et leur donne cet ordre : « Comme le Père m'a envoyé, moi aussi je vous envoie » (Jn 20.21). Cet ordre définit l'existence de la communauté des disciples du Christ ; ils sont appelés à continuer de témoigner du royaume, ce que Jésus avait commencé. Ce que Jésus a fait en Israël, l'Église doit le faire dans le monde entier. La mission permanente de cette communauté (être témoins du royaume) constitue *l'acte cinq* du récit biblique. Cette ère, que l'on peut qualifier « d'ère du témoignage », dure depuis environ 2000 ans et va continuer jusqu'à ce que Jésus revienne afin de terminer son œuvre de renouvellement. L'œuvre finale du jugement et du renouvellement de la création entière constitue *le sixième* et dernier acte de l'histoire du monde.

Cette image d'une pièce en six actes souligne le fait qu'il existe une unité dans l'histoire, un fil conducteur qui lie toutes les parties. Elle nous montre aussi qu'il y a une structure progressive qui se déploie. Le problème, c'est que nous ne comprenons souvent pas la Bible comme une seule histoire du début à la fin. Lesslie Newbigin raconte l'histoire d'un érudit hindou qui se plaignait du fait que les chrétiens présentaient mal la Bible : « Je ne comprends pas pourquoi vous, les missionnaires, vous nous présentez la Bible, ici en Inde, comme un livre de religion. Ce n'est pas un livre de religion et de toute façon, nous avons d'innombrables livres de religion en Inde. Pas besoin d'un autre ! Je trouve dans votre Bible une interprétation unique de l'histoire universelle, l'histoire de toute la création et l'histoire de la race humaine. Par conséquent, c'est une interprétation unique de la personne humaine en tant qu'acteur responsable dans l'histoire. Ceci est unique. Cela ne se compare à rien d'autre dans toute la littérature religieuse que le monde a produite. » Ses propos s'attachent au fait que la Bible raconte une seule histoire sur le monde, le monde entier, alors que les chrétiens l'ont réduit à un livre présentant les vérités religieuses, théologiques, voire une vision du monde.

Comment la communauté chrétienne en est-elle arrivée là ? L'histoire cohérente de la Bible est divisée en fragments ou en parties. Certains divisent la Bible en textes prouvant une théologie et reconstruisent la vérité en une théologie systématique. D'autres utilisent les méditations pour diviser la Bible en passages à méditer qui procurent des promesses offrant un réconfort immédiat ainsi que des exhortations stimulantes. D'autres encore divisent la Bible en fragments de morale qui fournissent une direction éthique. Il est même possible de saper la structure narrative des Écritures en réduisant l'enseignement de la Bible à une vision du monde selon la vision du monde *création-chute-rédemption*. Le fait de passer à côté du grand récit des Écritures constitue un problème bien plus sérieux que celui de mal interpréter certains passages des Écritures. C'est ignorer *quelle histoire façonne nos vies*. Certaines histoires façonnent nos vies. Lorsque la Bible est divisée en petits fragments ou en petites parties, qu'ils soient théologiques, méditatifs ou moraux ou qu'ils concernent une vision du monde, alors ces fragments ou ces parties peuvent parfaitement se fondre dans l'histoire dominante de notre propre culture, incluant toutes ses idoles. On peut être théologiquement orthodoxe, pieux, moralement droit, et même bien saisir les catégories de notre vision du monde, et être cependant modelé par l'histoire occidentale idolâtre. Lorsqu'elle est absorbée par une histoire séculière englobante, la Bible perd sa puissance imposante et formatrice.

Cela ne veut pas dire qu'il n'y a pas de place pour la théologie systématique, la lecture de méditations bibliques, l'éthique biblique ou l'élaboration d'une vision biblique du monde. En fait, toutes ces façons d'utiliser les Écritures sont valides. Nous verrons plus tard que la démonstration et l'explication de la vision du monde est essentielle pour outiller l'Église dans sa mission de faire connaître la Bonne Nouvelle. Le problème, c'est lorsqu'une de ces activités perd son ancrage dans le contexte narratif des Écritures et devient un fragment abstrait qui s'accommode d'un récit plus ultime qui n'est pas enraciné dans les Écritures.

Cette dernière déclaration demande une plus ample élaboration sur la signification du récit en lien avec la vision du monde. Il y a aujourd'hui un intérêt croissant pour le récit en tant que catégorie d'une vision du monde, voire la catégorie ultime d'une vision du monde. Au centre de ce regain d'intérêt pour ce récit, il y a la reconnaissance du fait que les êtres humains interprètent et donnent du sens à leur monde par le biais d'une histoire. Comme le dit Leslie Newbigin : « La façon dont nous comprenons la vie humaine dépend de la conception que nous avons du récit de l'humanité. De quel récit réel le récit de ma vie fait-il partie ? » C'est-à-dire envisager le récit, non dans un sens littéraire, mais comme la forme essentielle d'une narration qui fonde une vision du monde, comme une interprétation de l'histoire cosmique qui donne un sens à la vie humaine et à toute réalité. Le récit fournit un cadre qui permet de comprendre la vie humaine. Les êtres humains n'interprètent leur vie de manière aussi fondamentale qu'à travers un récit.

Lorsque nous parlons du récit biblique vu comme une narration par laquelle nous comprenons le monde et la vie humaine, il s'agit d'une déclaration *ontologique*, et non seulement herméneutique. Le récit de la Bible nous dit comment le monde est réellement. La Bible ne doit pas être vue comme un simple conte qui parle d'un certain groupe ethnique ou d'une certaine religion. Elle établit une revendication factuelle au sujet du monde entier : elle est la vérité offerte à tous. L'histoire biblique englobe toute la réalité, le nord, le sud, l'est et l'ouest ; le passé, le présent et le futur. Elle débute avec la création de toutes choses et s'achève avec le renouvellement de toutes choses. Du début à la fin, elle propose une interprétation sur le sens de l'histoire cosmique. Pour employer le langage de la postmodernité, elle est une grande histoire ou un métarécit. Dans le langage de Hegel, elle est l'histoire universelle.

La création retrouvée élabore les catégories de base de la vision du monde qui se trouve dans ce métarécit biblique. Bien que le trio *création-chute-rédemption* soit en tout point dépendant du récit biblique général, il ne constitue pas lui-même le récit. Il constitue une présentation systématique et schématisée des postulats du récit dans le but de clarifier la vision du monde. L'importance de cette manière d'élaborer les postulats pour une vision du monde dans le récit sera développée plus loin. Cependant, il est clair que les catégories que sont la création, la chute et la rédemption ne rendent pas justice à certains aspects essentiels du *récit* biblique, comme l'histoire d'Israël dans l'Ancien Testament ou l'histoire de la vie, de la mort et de la résurrection de Jésus-Christ dans le Nouveau Testament, pour ne nommer que ces exemples. Elles ne rendent pas non plus justice à la longue période qui s'étend de la Pentecôte au retour de Jésus-Christ (l'ère dans laquelle nous vivons actuellement), qui fait pourtant partie du récit biblique.

Notre place dans le récit biblique et l'appel missionnaire de l'Église

Vivre une vie qui soit fidèle à la Bible signifie plus que comprendre les contours généraux du récit. Cela signifie aussi comprendre notre propre place dans ce récit. N. T. Wright souligne cela de manière pratique. Il adopte les quatre questions fondamentales pour toute vision du monde utilisées par Richard Middleton et Brian Walsh :

1) Qui sommes-nous ? 2) Où sommes-nous ? 3) Qu'est-ce qui ne va pas ? et 4) Quelle est la solution ? L'approche selon les catégories *création-chute-rédemption*, que nous avons adoptée dans les chapitres précédents, offre des réponses à ces questions. Toutefois, Wright pense qu'il y a une autre question fondamentale à poser : À quel moment nous situons-nous ? Si notre vision du monde doit refléter le schéma narratif de la Bible, il est essentiel de nous demander où nous nous situons nous-mêmes dans le récit biblique du monde.

Nous devons ici développer ce qui a été dit sur la rédemption au chapitre quatre. Nous vivons à l'époque du royaume dite du *déjà* et du *pas encore*. *Déjà* et *pas encore* : ce langage, qui aurait provoqué la surprise et la perplexité dans la Palestine du Ier siècle, ne nous surprend pas autant aujourd'hui. Comment quelque chose peut-il être déjà là et pourtant ne pas encore être arrivé ? Le point culminant de l'Histoire est-il arrivé ou non ? Ne saisissant pas à quel point pour un Juif du Ier siècle ce concept de *déjà* et de *pas encore* était étrange, nous ne nous préoccupons généralement pas de la question *pourquoi* – pourquoi devrait-il en être ainsi ?

L'Ancien Testament attend du futur la réalisation de l'œuvre rédemptrice de Dieu. Cette œuvre s'accomplira avec l'arrivée du royaume à travers l'œuvre du Messie et de l'Esprit. Lorsque l'Histoire touchera à son but, cette œuvre constituera l'événement de la fin des temps. Jésus annonce de manière saisissante que le royaume de Dieu est arrivé. Pourtant, la fin n'arrive pas comme on le pensait. Le jugement dernier que les prophètes ont promis ne se passe pas comme Jean et les autres Juifs s'y attendaient (Lu 3.7-9 ; Jn 3.17). Même Jean-Baptiste, qui se demande s'il ne doit pas attendre quelqu'un d'autre, semble confus (Lu 7.18-23). Cependant, Jésus dit clairement que le royaume est ici, mais que cela doit rester secret. Une fois l'accomplissement de l'œuvre messianique de

Jésus ayant eu lieu, la question « pourquoi ? » devient encore plus urgente. Face au commencement de la résurrection des morts en Jésus, au discours au sujet de l'Esprit promis et à la venue du royaume, qui renvoient tous à la fin selon les Juifs, les disciples ont posé cette question évidente : « Seigneur, est-ce à ce moment-là que tu rétabliras le royaume pour Israël ? » (Ac 1.6.) Assurément, le royaume ne peut plus demeurer un secret, n'est-ce pas ?

Jésus répond en trois parties. Sa réponse est extrêmement importante, car elle nous permet de répondre à une autre question : « À quel moment nous situons-nous ? » Premièrement, le royaume n'arrive pas encore (Ac 1.7). Il n'appartient pas aux disciples de connaître le temps choisi à la discrétion du Père pour faire venir le royaume. Par conséquent, le jugement dernier sera encore différé.

Dans la deuxième partie de sa réponse, Jésus affirme que l'Esprit sera donné. Les prophètes de l'Ancien Testament annoncent que dans les derniers jours l'Esprit sera répandu pour accomplir le salut promis (Ésaïe, Jérémie, Joël). À la Pentecôte, lorsque l'Esprit descend, Pierre l'interprète comme l'accomplissement des paroles de Joël : « Dans les derniers jours, dit Dieu, je répandrai de mon Esprit sur toute chair » (Ac 2.17). L'Esprit apporte le salut du royaume de la fin des temps dans l'Histoire. En parlant de l'Esprit qui apporte *déjà* le salut du royaume, mais *pas encore* entièrement, Paul utilise deux images, celle de l'acompte et celle des prémices. L'Esprit représente l'acompte du salut. Dans la culture palestinienne du Ier siècle, un acompte représente un versement en espèces, et non une simple promesse de paiement futur. Toutefois, l'acompte promet et assure qu'une plus grande somme d'argent doit encore arriver. L'Esprit apporte le vrai salut avec la garantie qu'il y a plus à venir. L'Esprit constitue donc aussi les prémices du salut dans les derniers jours. Il fait vraiment partie de la récolte, avec l'assurance que le reste est à venir. Le Nouveau Testament utilise aussi l'image de l'avant-goût (Hé 6.5). Les croyants d'aujourd'hui peuvent avoir un réel avant-goût du banquet du royaume, mais le festin final est encore à venir. Ces trois images désignent la même chose : le salut des derniers jours est vraiment arrivé et peut être connu. Nous sommes les bénéficiaires de la réalisation de la fin des temps (1 Co 10.11). Toutefois, l'accomplissement final de ce royaume n'est pas encore arrivé.

La troisième composante de la réponse de Jésus est la suivante : si l'Église n'a reçu qu'un avant-goût de l'Esprit, c'est pour qu'elle puisse témoigner du royaume jusqu'aux extrémités de la terre (Ac 1.8). Si le royaume arrivait dans son entièreté, il n'y aurait pas de place ni d'occasion pour la repentance. Le fait que la fin ne soit pas encore arrivée donne sa place à la repentance ; le don de l'Esprit apporte le salut au peuple de Dieu pour qu'il puisse annoncer la fin à venir. D'autres auteurs du Nouveau Testament désignent la même réalité en des termes différents. Dieu est patient et bon, il reporte le jugement parce qu'il ne veut pas qu'aucun périsse, mais que tous parviennent à la repentance (2 Pi 3.9 ; Ro 2.4). L'Évangile se fera connaître à travers le monde entier et alors la fin arrivera (Mt 24.14). C'est l'ère du témoignage : le jugement a été reporté pour que le peuple de Dieu puisse témoigner du royaume de Dieu et que tous puissent se repentir et entrer dans ce royaume. C'est aussi l'ère de la mission : le peuple de Dieu est envoyé pour perpétuer la mission de Jésus, celle d'annoncer le royaume. À quel moment nous situons-nous ? Nous nous situons à l'ère du témoignage et de la mission.

Les mots « témoignage » et « mission » peuvent être facilement mal interprétés. On a souvent réduit le témoignage et la mission au fait d'envoyer des missionnaires ou des évangélistes, ou au fait d'annoncer l'Évangile à nos voisins ou nos collègues de travail.

Bien que cela soit important, le témoignage ne doit pas être réduit à une articulation verbale de l'Évangile ou à certains types d'activités de service. Dans l'entièreté de notre vie, nous sommes appelés à témoigner du royaume de Dieu. Puisqu'il s'agit de *témoigner du royaume*, et puisque ce témoignage se trouve dans les mots, les actions et la vie, nous pouvons dire que, selon cette perspective, la vie entière est témoignage. La tâche du peuple de Dieu consiste à faire connaître la bonne nouvelle du règne renouvelé de Dieu sur la création entière. L'autorité royale du Christ s'étend sur la création entière. La mission de Dieu est tout aussi complète : exprimer la bonne nouvelle du retour du règne de Jésus sur le mariage et la famille, les affaires et la politique, les arts et les sports, les loisirs et les études, le sexe et la technologie. Puisque l'Évangile est l'Évangile du royaume, cette mission s'étend à toute la création. Le « témoignage contemporain » de la « Christian Reformed Church in North America », intitulé « Our World Belongs to God » (Notre monde appartient à Dieu), confesse cela de manière éloquente :

> L'Esprit pousse le peuple de Dieu à la mission dans le monde. Il incite jeunes et vieux, hommes et femmes, à aller chez leurs voisins et à investir les mondes de la science et des arts, des médias et du marché avec la bonne nouvelle de la grâce de Dieu... (32)
>
> À la suite des apôtres, l'Église est envoyée – envoyée avec l'Évangile du royaume... Dans un monde éloigné de Dieu, où des millions de personnes font face à des choix déroutants, cette mission constitue le cœur de notre raison d'être... (44)
>
> Le règne de Jésus-Christ s'étend sur le monde entier. Suivre ce Seigneur, c'est le servir partout, sans nous conformer au monde, comme une lumière dans les ténèbres, comme du sel dans un monde qui pourrit. (45)

Dans la section « The Mission of God's People » (La mission du peuple de Dieu), ce « témoignage contemporain » enchaîne en traitant des questions contemporaines liées à l'avortement, l'euthanasie, le genre, la sexualité, le célibat, le mariage et la famille, l'éducation, le travail, la technologie, la politique ainsi que la guerre et la paix. Tous ces domaines font partie de la mission. Cependant, ces grandes questions sociétales et culturelles ne sont pas les seules à en faire partie ; notre mission, c'est aussi de rendre témoignage dans les affaires quotidiennes de nos vies privées. Nous passons le plus clair de notre temps à gérer la vie quotidienne, et de loin. Nous dormons, nous travaillons, nous mangeons, nous nous reposons, nous racontons des histoires, nous chantons des chansons, nous jouons à des jeux, nous nous marions, nous élevons nos enfants, nous nous occupons des malades, nous rendons visite à notre famille, nous enterrons et nous pleurons nos morts. Que nous soyons même pasteurs, missionnaires ou évangélistes, nous passons la majeure partie de notre vie terrestre à faire ces activités de tous les jours. C'est précisément dans ces activités ordinaires que la communauté chrétienne est appelée à témoigner de l'Évangile. La façon dont nous vivons se doit d'être une lettre lisible parlant du Christ et de son règne. Lorsque nous expliquons l'Évangile, notre présentation verbale devrait être imbriquée dans la trame de notre vie chrétienne quotidienne qui, dans son intégralité, atteste du pouvoir salvateur du Christ.

Tout ceci constitue un autre aspect de l'accent que nous avons mis sur l'importance fondamentale du caractère « restaurateur » de la création et de la rédemption. C'est dans le contexte de la gloire riche et variée de la vie humaine, *créée* et *restaurée*, que Dieu veut être glorifié par notre service et notre témoignage à son égard, afin que le monde entier puisse voir à quoi ressemble la vie humaine rachetée, et ce, malgré les cicatrices et les plaies du péché et de la mort. Cette vie humaine créée et restaurée se reflète, par exemple, chez la mère qui chante une berceuse à son bébé et chez l'enfant qui court pour le simple plaisir d'aller vite. Individuellement, ou comme communauté, nous devons présager le royaume de Jésus-Christ.

Deux images illustrent bien cet appel : selon la première image, nous devons être des *enseignes* du royaume. Paul dit que l'Église doit être « le pilier et le soutien de la vérité » (1 Ti 3.15). Il ne veut pas dire que le peuple de Dieu doit affirmer, soutenir ou encore protéger la vérité de Dieu. Plutôt, cette image véhicule l'idée que l'Église peut être comparée, collectivement, aux murs ou aux poteaux qui portaient les graffitis dans l'Antiquité, envoyant un message à tous ceux qui passaient devant. Ils étaient les panneaux d'affichage de l'époque. La vie de l'Église est d'être ce panneau d'affichage qui diffuse la Bonne Nouvelle de la venue du royaume. Cette annonce est faite dans l'extraordinaire ordinaire de notre vie quotidienne. Extraordinaire en raison du pouvoir rénovateur de l'Esprit, ordinaire en raison des choses banales de la création qui remplissent nos vies. En d'autres mots, extraordinaire en ce qui a trait à la direction et ordinaire en ce qui a trait à la structure.

La seconde image qui peut être utilisée est celle d'une *préfiguration* (un aperçu) du royaume. Avec la venue de l'Esprit qui apporte le salut du siècle à venir, l'Église est faite pour être un aperçu du royaume. Par analogie, la bande-annonce (un aperçu) d'un film montre des extraits du film pour susciter l'intérêt du public. L'Église, vue comme la bande-annonce du royaume, montre des éléments réels de ce à quoi ressemblera le royaume, afin de susciter l'intérêt des non-croyants. Par le moyen de la bande-annonce, d'aperçus sur l'avenir, l'Église est appelée, dans sa vie de tous les jours, à rendre témoignage à Jésus et à son règne qui arrive. Ce témoignage doit se faire en actes, et en paroles qui expliquent les actes. Lesslie Newbigin résume le sens missionnaire du « déjà » et du « pas encore » en des termes convaincants :

> Le sens de la période de « chevauchement des ères » dans laquelle nous vivons, la période qui se situe entre la première et la seconde venue du Christ, est que l'Église apostolique doit témoigner jusqu'aux extrémités de la terre. L'implication d'une perspective réellement eschatologique sera une obéissance missionnaire, et toute eschatologie qui ne mène pas à une telle obéissance est une fausse eschatologie.

La souffrance et les conflits dans le travail missionnaire

Le terme « chevauchement des ères » nous permet d'envisager une autre perspective sur l'ère de la rédemption dans laquelle nous vivons. Les termes « temps anciens » et « temps à venir » faisaient partie intégrante de la théologie juive à l'époque de Jésus. Jésus et Paul utilisent tous les deux cette terminologie. Les temps anciens désignent la période dominée par le péché, le mal et Satan. Les temps à venir signifient le royaume de Dieu. Dans les temps anciens, le pouvoir de Satan et du mal est à l'œuvre. La venue de l'Esprit signifie que la puissance rénovatrice des temps à venir a commencé l'invasion du futur dans l'Histoire d'à présent. Les Juifs s'attendaient à ce que la puissance salvatrice de l'Esprit vainque et abolisse la puissance du mal et toute opposition au règne libérateur de Dieu. Cela n'est pas arrivé. Au lieu de la fin des temps anciens et du début des temps à venir, la venue du Christ a introduit un chevauchement d'époques où les puissances du mal continuent de coexister avec la puissance restauratrice et rénovatrice des temps à venir (Mt 13.24-30 ; 36.43). Cette période de chevauchement est caractérisée par la lutte entre ces deux « puissances ». Nous vivons en réalité une époque où l'antagonisme entre les deux royaumes est accru.

Par conséquent, l'histoire de « ce temps situé entre deux ères » ne sera pas caractérisée par une progression sans heurts ou par un développement linéaire progressif du royaume de Dieu vers son accomplissement. De la même manière, notre mission non plus ne ressemblera pas à une marche victorieuse jusqu'à la fin. Au contraire, l'ère de la rédemption connaît des luttes acharnées qui font de nombreuses victimes. Notre mission sera coûteuse et impliquera de la souffrance. Paul affirme que « tous ceux qui veulent vivre pieusement en Jésus-Christ seront persécutés » (2 Ti 3.12, voir Ac 14.22). Pour juger de notre compréhension du lien étroit qui existe entre la mission et le Nouveau Testament, regardons comment nous comprenons la souffrance dans l'appel de l'Église.

Cette idée a déjà été suggérée au chapitre quatre, lorsque nous avons utilisé l'analogie que fait Oscar Cullmann avec la fin de la Seconde Guerre mondiale. La mort et la résurrection de Jésus-Christ sont le jour J, et sa seconde venue est le jour de la victoire. Comme en 1944-1945 en Europe, la période qui se situe entre les deux est marquée par les conflits. Cette analogie, qui parle d'opérations de nettoyage, peut être mal comprise et peut nous faire penser à une marche forcée jusqu'à la victoire finale. Évidemment, il est important de mettre l'accent sur l'enseignement biblique qui nous assure de la victoire finale. Le livre des Actes illustre l'avancement de la Parole dans l'Empire romain, à une époque où l'Église incarnait et proclamait cette Parole. Luc dit que « la parole du Seigneur se propageait et gagnait en puissance » (Ac 19.20, voir 6.7, 12.24). Prendre ces mots de manière triomphale peut être dangereux, mais ce danger ne doit pas nous pousser à négliger l'enseignement des Écritures concernant la victoire finale. L'Évangile est vraiment une puissance et l'Église peut s'attendre à ce que le Christ exalté ainsi que son Esprit agissent dans et par la mission de l'Église. Toutefois, alors que le récit de la propagation de l'Évangile se développe dans le livre des Actes, nous voyons beaucoup de souffrance, de victimes et de victoires qui ne semblent pas nécessairement avoir un impact important dans l'Empire romain. La guerre fait toujours rage et nous sommes au milieu d'une bataille acharnée.

La mission implique la souffrance ; la fidélité à l'Évangile du royaume entraînera un conflit missionnaire avec les puissances idolâtres de notre propre culture. L'allégeance loyale à notre mission pour le royaume causera un choc entre les différents récits du monde. L'Évangile prétend de manière absolue à l'entièreté de nos vies. Le récit qui façonne notre culture occidentale est de la même manière un récit global ayant une prétention totalitaire. Il y a incompatibilité entre l'Évangile et le récit de notre culture. Tout grand récit incarné dans la culture cherchera à devenir non seulement le récit dominant, mais aussi le récit exclusif. Si l'Église veut demeurer fidèle au récit biblique qui, de la même manière, est global, nous ferons face à un choix : soit adapter le récit biblique à celui de notre culture et vivre comme une communauté minoritaire tolérée, soit demeurer fidèles et vivre des conflits ainsi que la souffrance.

Notre mission se réalise sous la croix. La Bonne Nouvelle peut provoquer de l'opposition, des conflits, du rejet (Jn 15.18-25). Nous proclamons et incarnons la victoire qui demeure cachée jusqu'au dernier jour. Et l'incarnation de cette victoire se révèle souvent dans ce qui semble être pour le monde de la faiblesse, voire de la folie. Cependant, la victoire de la croix est assurée dans la résurrection. En attendant que cette vie de résurrection arrive pleinement, la mission de l'Église demeurera empreinte de souffrance et de conflits.

Une question a été avancée, celle de savoir pourquoi l'Église d'Occident fait partie des rares Églises dans le monde qui ne fait pas face à la souffrance et à la persécution. L'une des réponses qui ont été proposées est que l'Église n'y a pas été fidèle aux prétentions globales de l'Évangile. Elle a ajusté le récit biblique en mettant en place un dualisme qui permet un compromis avec le grand récit séculier du progrès rationnel qui a façonné la majeure partie de la culture occidentale. Il ne fait aucun doute que cette réponse contient une bonne part de vérité. Toutefois, d'un autre côté, il y a peut-être aussi une raison plus positive. La culture occidentale, bien que de plus en plus humaniste et séculière, a été depuis des siècles « salée », à un certain point, par l'Évangile. Ceci atténue la tension, mais peut aussi augmenter le danger et la tentation du compromis. À l'époque du néo-paganisme, où l'impact de l'Évangile se fait de moins en moins ressentir dans la société, il est peut-être temps de remettre l'enseignement biblique concernant la fidélité et la souffrance sur le devant de la scène.

La contextualisation : discerner la structure et la direction

Tout cela signifie-t-il donc que si nous sommes une Église fidèle nous n'entretiendrons que des relations conflictuelles et polémiques avec notre culture ? Ce dilemme n'est pas nouveau pour les missionnaires. D'un côté, il y a le désir d'être fidèle à l'Évangile et à ses prétentions absolues. La raison pour laquelle ils investissent les autres cultures, afin de témoigner de la Bonne Nouvelle, est liée à cette fidélité. Si les prétentions de l'Évangile sont taillées pour s'accommoder des croyances religieuses de cette culture, il n'y a pas d'Évangile, ou du moins pas d'Évangile complet, à proclamer. D'un autre côté, tout missionnaire désire se sentir chez lui dans la culture. Si l'Évangile est vu comme une entité étrangère, il sera rejeté. Peut-on vivre en s'accommodant d'une culture et en même temps la défier ? Est-il possible de se sentir chez soi dans une culture et être en même temps en porte à faux avec ses référents culturels ? La difficulté à répondre à ces questions nous introduit à ce que les théoriciens de la mission appellent la contextualisation.

La Bible réclame du peuple de Dieu qu'il contribue au développement de la culture dans laquelle il se trouve. Si nous comprenons correctement ce qu'est le « mandat culturel » (ou mandat créationnel, Ge 1.28), nous apprenons que c'est par ce mandat que Dieu a créé la vie humaine. Par ailleurs, un engagement envers la seigneurie du Christ, celui qui non seulement a créé, mais renouvelle la culture en entier, demande une certaine solidarité et une certaine participation au processus culturel. De plus, se retirer de toute participation au développement culturel, si cela était possible, reviendrait à abandonner ce domaine de la création de Dieu au « monde » et à ses idoles. Car la Bible nous enseigne aussi que la vie humaine en son entier, et notamment le développement culturel, est façonnée par l'idolâtrie. Le cœur de l'homme est une fabrique d'idoles, comme le disait Calvin, et cette idolâtrie façonne les institutions politiques, économiques, scolaires ou universitaires et sociales auxquelles nous participons. Comment ne pas se conformer au schéma idolâtre de notre culture et en même temps avoir une intelligence renouvelée dans notre travail culturel (Ro 12.1,2) ? Plus nous prendrons au sérieux ces deux réalités, que le chrétien doit témoigner de la bonne nouvelle du royaume dans tous les domaines et que la culture du monde est façonnée par l'idolâtrie partagée par tous, plus nous sentirons une « tension insoutenable ».

Cette tension insoutenable naît des deux facteurs suivants. Premièrement, l'Église fait partie d'une société qui incarne un récit culturel. Ce récit culturel est enraciné, du moins en partie, dans une foi religieuse idolâtre qui tend à façonner toutes les facettes de la vie humaine et qui est incarnée par une communauté. Deuxièmement, la communauté chrétienne tire son identité d'un autre récit, qui est tout aussi enraciné dans la foi, qui est également global et qui est aussi incarné socialement. La tension insoutenable émerge ainsi en raison d'une « double incarnation » dans la vie du peuple de Dieu. Comme membres d'une communauté culturelle, les croyants sont modelés par le récit de cette culture. Comme membres de la nouvelle humanité, s'ils sont fidèles, ils sont modelés par le récit biblique. Le récit biblique et son concurrent, le récit culturel, ne cadrent pas et cependant ils *se rejoignent* dans la vie du peuple de Dieu. Plus on est conscient de cette tension, et plus on est prêt à faire face à cette tension, plus l'Église sera saine. Plus l'Église évite cette tension ou n'en est pas consciente, plus elle est en danger de s'accommoder de l'idolâtrie du monde. Le but de la contextualisation, c'est de se saisir de cette tension et de chercher à la résoudre sans compromettre l'Évangile.

Pour résoudre cette tension, rappelons-nous la distinction importante entre la structure et la direction. Dans tout produit culturel, toute institution culturelle ou tout usage culturel, il y a un élément de la bonne structure créationnelle de Dieu. En même temps, tous sont, à un certain degré, mal dirigés par une culture idolâtre partagée. La mission du peuple de Dieu est de discerner et d'adopter de tout son cœur la bonne perspective et la bonne structure créationnelles et en même temps de rejeter et de renverser la déformation idolâtre. C'est de cette façon que l'Église primitive a mené sa mission dans l'Empire romain marqué par le paganisme. Deux exemples tirés des Écritures peuvent illustrer cela : les instructions de Paul concernant la maisonnée ou famille (*oikos*) et l'utilisation que Jean fait des catégories classiques grecques.

L'Église primitive est née au sein du milieu culturel de l'Empire romain. L'institution sociale de base dans les territoires de l'Empire romain était l'*oikos*. Le mot grec *oikos* est normalement traduit par « maison » ou « famille », mais cette institution était très différente de ce que nous appelons aujourd'hui une maison ou une famille. Lorsque nous utilisons ces termes aujourd'hui, nous pensons normalement à une famille nucléaire, composée des parents et de leurs enfants. Dans l'Empire romain, l'*oikos* était plutôt indistinct et incluait non seulement la famille nucléaire et la famille élargie, mais aussi les domestiques et les esclaves. Il impliquait des relations économiques aussi bien que certaines facettes d'une autorité d'ordre juridique. L'*oikos* romain était profondément façonné par l'idolâtrie de la culture romaine. L'autorité du père, ou *paterfamilias*, était pratiquement sans limites et comprenait le pouvoir de vie et de mort. Il était le *kurios*, ou seigneur, de la maison. Tout l'*oikos* était modelé par la vision sans nuances et unilatérale de l'autorité paternelle, qui conduisait souvent à de terribles abus. Du temps de l'Ancien Testament, cette institution sociétale était, de bien des manières, une entité déformée et corrompue.

Que devait faire l'Église primitive face à cette institution fondamentale qui était à la base de la société romaine ? Devait-elle simplement la rejeter et inventer de nouvelles formes de mariage, de famille et de pratiques économiques ? Au contraire, son désir était de *se sentir chez elle* dans la culture et d'incarner la Bonne Nouvelle au sein des relations normales de la vie. Devait-elle simplement la *défendre* et l'*adopter* ? Au contraire, cela aurait compromis l'Évangile en acceptant une institution sociétale sérieusement déformée. L'Église primitive a reconnu que non seulement elle devait se sentir chez elle dans la culture, mais qu'elle devait aussi se mettre en porte à faux face aux postulats de la foi dominante qui soutenait et façonnait cette culture. L'Église primitive était bien consciente de l'idolâtrie qui régissait l'Empire romain. Il existait une tension entre la vie en accord avec l'Évangile et les postulats de la foi dominante et idolâtre de la culture romaine. C'est précisément cette tension qui était la source de la fidélité.

Au lieu de simplement rejeter ou défendre la famille, ou la maison, l'Église primitive l'a renversée et réformée. Elle a discerné les liens créationnels qui existaient au sein de la famille, par exemple, les liens époux-épouse, parents-enfants et patron-ouvrier. Elle a transformé ces liens. Elle les a déracinés du sol du paganisme romain et les a transplantés dans le sol de l'Évangile. La structure créationnelle a été identifiée et défendue ; la mauvaise direction que ces liens avaient prise a été rejetée. Il est possible de lire Éphésiens 5 et 6 à la lumière de cela. Paul y exhorte les maris à aimer leurs femmes dans un esprit de sacrifice, à élever leurs enfants avec amour et à traiter leurs esclaves avec respect, et cela était radical. Gratifier les femmes et les esclaves de la responsabilité de *se soumettre* volontairement pour l'amour du Seigneur était révolutionnaire. Ces liens ont été transformés. Dans la mesure où l'Église primitive a obéi, un genre très différent d'*oikos* est apparu. Pour les Romains du temps de l'Église primitive, il s'agissait toujours d'une institution qui avait l'air d'un *oikos*, mais elle était profondément transformée. Le père usait désormais de son autorité pour servir de manière sacrificielle les autres plutôt que de les dominer. Les épouses, les enfants et les esclaves étaient désormais élevés à un nouveau degré de dignité.

Le deuxième exemple que nous prendrons est la façon dont Jean utilise certains termes grecs lourds de sens lorsqu'il écrit son évangile. Tout comme les autres écrivains du Nouveau Testament, Jean emploie le langage et la façon de penser de la culture hellénistique. Même si les auditeurs hellénistiques comprenaient immédiatement ces mots familiers et ces catégories, l'usage que Jean en fait représente souvent un exemple clair du choc entre l'Évangile et la culture humaine païenne. Jean utilise librement le langage et la façon de penser de la religion et de la culture classique qui forment le monde de ses auditeurs, à savoir des notions comme lumière et ténèbres, ciel et terre, chair et esprit, et bien d'autres. Ces termes expriment la vision païenne du monde qui les sous-tend. Cependant, Jean utilise ces termes et cette façon de penser de telle sorte qu'il met ses auditeurs face à une question fondamentale et à une vraie contradiction. Jean commence par une proclamation, « Au commencement était la Parole ». Le grec utilise le mot *logos* (parole). Au fil de l'évangile, il devient clair que le *logos* n'est pas la loi impersonnelle de la rationalité qui remplit l'univers et lui donne son ordre, mais qu'il est plutôt l'homme Jésus-Christ. Le *logos* est devenu *sarx*, c'est-à-dire chair. Jean commence par montrer qu'il comprend le désir classique de connaître la source de l'ordre exprimée dans le mot *logos*, mais il renverse, défie et contredit la conception idolâtre de la rationalité qui s'était développée dans l'Antiquité. Ainsi, Jean est à la fois pertinent et fidèle. Pertinent, parce qu'il utilise des catégories familières exprimant les conflits existentiels ; fidèle, parce qu'il défie, avec l'Évangile, la vision du monde qui modèle ces catégories.

Cette façon d'aborder la culture ne s'applique pas uniquement au langage et au jargon des missionnaires. Il s'agit du processus par lequel la communauté chrétienne interagit avec toutes les formes d'institutions et d'usages de sa culture. L'Évangile valide et rejette chacune des formes culturelles. Il valide la structure créationnelle et rejette la déformation du péché. L'Église doit discerner les implications de cela dans toutes les situations.

L'Esprit et la spiritualité

C'est un appel exigeant que de faire face aux rigueurs du travail missionnaire, surtout lorsqu'on est rejeté, ainsi que de faire la distinction entre la structure créationnelle et la direction déformée. Qui peut le faire ? Sur ce point, il y a deux idées importantes et inextricablement liées. Premièrement, la mission de l'Église est avant tout l'œuvre de l'Esprit, d'abord *dans*, puis *à travers*, l'Église. Deuxièmement, la mission de l'Église doit s'appuyer sur une spiritualité saine.

Ce n'est pas par hasard si Luc, racontant l'histoire de la propagation de l'Évangile dans l'Empire romain, commence par ces mots, à la suite de l'effusion de l'Esprit : « Ils persévéraient dans l'enseignement des apôtres, dans la communion fraternelle, dans la fraction du pain et dans les prières » (Ac 2.42). Lorsque l'Église s'attache sincèrement à ces pratiques, elle incarne la vie du royaume (Ac 2.43-47). La prière, l'Écriture, la communauté et la cène agissaient comme un canal par lequel la vie de l'Esprit affluait du Christ exalté pour l'Église primitive. Cela correspond à l'un des thèmes principaux de Luc et des Actes : « Le royaume vient lorsque l'Esprit œuvre en réponse à la prière[1]. »

---

1. Cette expression vient de Stephen S. Smalley dans *Spirit, Kingdom and Prayer in Luke-Acts* [Esprit, Royaume et prière dans Luc-Actes], Novum

La mission première de l'Église n'est pas d'être une organisation ou d'établir des stratégies, même si ces dernières peuvent être bonnes. Plutôt, cette mission consiste en une vie de prière et de méditation qui est saine, en une immersion dans l'Écriture qui est le vrai récit du monde ainsi qu'en une participation active dans la vie de notre église locale. C'est de cette façon que la vie du royaume se fait connaître, est vécue et partagée.

Lorsque l'Église primitive souffrait, elle se tournait immédiatement vers la prière, afin de trouver l'assurance pour persévérer dans son travail de témoin (Ac 4.23-31). Souvent, Paul prie pour que les Églises qu'il a implantées grandissent en discernement et en sagesse et qu'elles soient remplies de la puissance spirituelle dans leur lutte contre l'idolâtrie de leur culture (Ph 1.9-11 ; Col 1.9-12). Une Église qui veut être fidèle sur le plan missionnaire doit développer et entretenir une spiritualité pleine de vitalité.

Le rôle médiateur de la vision du monde entre le récit biblique et le monde contemporain

L'Église chrétienne est appelée à vivre de la puissance de l'Évangile et à faire connaître le royaume dans toutes les sphères de la vie humaine. Cela signifie en partie interpréter le monde avec les lunettes de l'Évangile. Comme nous l'avons vu, reconnaître la structure narrative de l'Écriture, et plus particulièrement comprendre cette ère du royaume qualifiée par le *déjà* et le *pas encore* comme étant une époque de mission constitue une partie

---

Testamentum, 15, n°1, 1973, p. 59-71. Elle est reprise par M. Goheen dans *A Light to the Nations : the Missional Church and the Biblical Story* [Une lumière pour les nations : l'Église orientée vers la mission et le récit biblique], Grand Rapids, Baker Academic, 2011.

importante de ce travail d'interprétation. Ici se pose la question de savoir à quoi sert d'élaborer le récit biblique selon les catégories du cadre *création-chute-rédemption*. N'est-ce pas assez de dire que nous devons voir le monde avec les lunettes du récit biblique ou de l'Évangile ? Pourquoi élaborer le récit biblique selon les termes de la vision du monde esquissée dans ce livre ? Comment les réflexions entourant la vision du monde pourront-elles aider l'Église à être témoin de l'Évangile du royaume ?

Une réflexion sur l'Évangile qui donne à l'Église les outils nécessaires pour sa tâche missionnaire est une nécessité à toute époque. Être fidèle à l'Évangile, ce n'est pas simplement répéter les mots de l'Écriture. Une partie de l'appel de l'Église consiste à répéter et expliquer l'Évangile pour chaque génération, afin de découvrir son sens pour le présent. Il y a toujours eu, et il y aura toujours, besoin d'exprimer l'enseignement de l'Écriture et sa pertinence pour le monde contemporain lorsque ce dernier traite les besoins actuels. Cette réflexion sur l'Évangile selon les catégories fondamentales *création-chute-rédemption* fait partie de la tâche permanente de l'Église en vue de répondre aux besoins du temps présent.

Nous pourrions parler de la réflexion sur l'Évangile comme d'un travail de médiation. C'est-à-dire que ce travail permet d'établir un pont entre la puissance de l'Évangile et la vie de l'Église dans le temps présent. Afin de mieux comprendre ce travail, utilisons deux illustrations. La vision du monde fonctionne comme la boîte de vitesse d'une voiture. La boîte de vitesse établit un lien entre la puissance du moteur et les pneus qui font avancer la voiture au contact avec la route. La réflexion sur la vision du monde assure la médiation entre la puissance de l'Évangile et la vie humaine là où cet Évangile doit exercer son influence. Ou encore, la réflexion sur la vision du monde fonctionne comme la plomberie dans une maison. Les tuyaux font office de canaux qui transportent l'eau de la source aux robinets ou aux bains de la maison. L'élaboration d'une vision du monde joue un rôle canalisateur, en apportant l'Évangile de manière à répondre aux besoins de l'Église dans le cadre de sa mission dans le monde. Par conséquent, articuler une vision du monde sera toujours une question de réflexion et de construction humaine. La vision du monde n'est pas l'Évangile : l'Évangile est la puissance de Dieu pour le salut, tandis que la vision du monde est une tentative de l'homme pour éclaircir certaines caractéristiques structurelles de base de l'Évangile, dans le but d'outiller l'Église pour son travail missionnaire. C'est un travail humain, et par conséquent il est faillible et marqué par l'histoire, comme toute articulation de l'Évangile. Cependant, ce travail doit être entrepris, parce que toute contextualisation de l'Évangile présuppose nécessairement une certaine conception de la vision biblique du monde. Et comme la contextualisation demeure un impératif incontournable pour la vie de l'Église dans le monde, il est primordial que les postulats concernant la vision du monde reçoivent une attention toute particulière. L'Évangile a trop souvent été contextualisé par le biais d'une vision du monde qui ne rend pas justice au caractère radical et intégral du message biblique. Tout fait partie de la création de Dieu, tout a été touché par le pouvoir destructeur du péché et tout peut participer à l'œuvre rénovatrice de Dieu en Christ et par l'Esprit.

Conclusion

L'Évangile est la source de notre vie et le moyen par lequel nous interprétons notre place dans le monde. Cet Évangile se situe au cœur et au moment décisif du récit biblique, un récit qui offre une interprétation de l'histoire cosmique. Le rôle des disciples de Jésus-Christ dans le récit est de faire connaître la bonne nouvelle que Dieu rétablit la création brisée par le péché. Cette tâche implique des souffrances et des conflits. Elle exige une spiritualité qui devient plus profonde et une dépendance de l'Esprit. Voici le contexte dans lequel nous devons comprendre ce que signifie d'élaborer les catégories les plus fondamentales du récit biblique. Articuler une vision du monde peut jouer un rôle médiateur entre l'Évangile et l'appel missionnaire du peuple de Dieu. C'est dans ce but que ce livre est proposé à l'Église, pour l'outiller dans un monde qui a désespérément besoin de voir et d'entendre la bonne nouvelle du royaume de Dieu : Dieu renouvelle la création et la vie humaine dans son entièreté dans l'œuvre de Jésus-Christ, par l'Esprit.

« **Impact Académia** » est une marque déposée de « **Publications Chrétiennes inc.** », une maison d'édition québécoise fondée en 1958. Sa mission est d'éditer ou de diffuser la Bible ainsi que des livres et brochures qui en exposent l'enseignement, qui en démontrent l'actualité et la pertinence, et qui encouragent la croissance spirituelle en Jésus-Christ.

Pour notre catalogue complet :
www.publicationschretiennes.com

Publications Chrétiennes inc.
230, rue Lupien, Trois-Rivières, Québec, CANADA – G8T 6W4
Tél. (sans frais) : 1-866-378-4023, Téléc. : 819-378-4061
commandes@pubchret.org

www.ingramcontent.com/pod-product-compliance
Lightning Source LLC
Chambersburg PA
CBHW071710090426
42738CB00009B/1730